洛夫（1928—2018）

原名莫运端、莫洛夫。国际著名诗人、世界华语诗坛泰斗。1928 年生于衡阳东乡相公堡（今衡阳市衡南县相市乡），1949 年赴中国台湾，1996 年旅居加拿大温哥华。

洛夫潜心现代诗歌的创作，被誉为中国最杰出和最具震撼力的诗人，《中国当代十大诗人选集》将洛夫评为中国十大诗人首位。1999 年，洛夫的诗集《魔歌》被评为中国台湾文学经典之一。2001 年又凭借长诗《漂木》获得诺贝尔文学奖提名。因表现手法近乎魔幻，洛夫被诗坛誉为“诗魔”。

胡乐民

毕业于北京电影学院表演系、中国音乐学院声歌系。中国著名朗诵艺术家、表演艺术家，中国首届“夏青杯”朗诵大赛金奖获得者，演诵艺术的探索者。中国诗歌学会朗诵演唱专业委员会会员、北京语言学会朗诵研究会会员、中国诗歌朗诵艺术团成员，现为北京联合大学艺术学院教师。

洛夫先生和胡乐民先生

洛夫生前最后一次公开露面

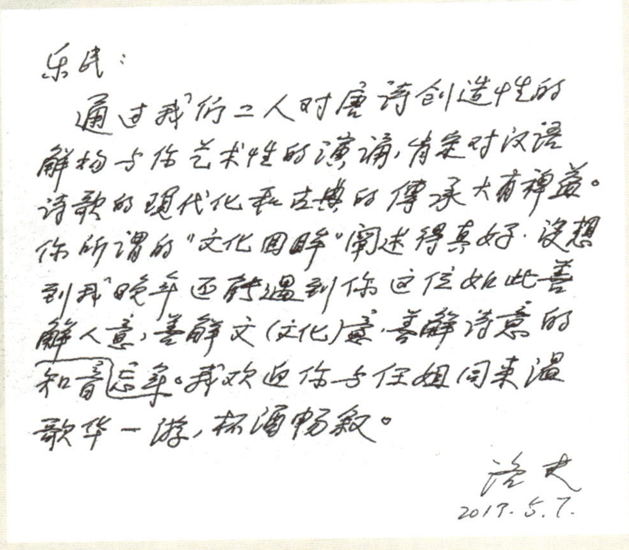

乐民：

通过我们二人对唐诗创造性的解构与你艺术性的演绎，肯定对汉语诗歌的现代化和古典的传承大有裨益。你所谓的"文化回眸"阐述得真好，没想到我晚年还能遇到你这位如此善解人意、善解文（文化）意、善解诗意的知音忘年。我欢迎你与任姐同来温哥华一游，杯酒畅叙。

洛夫

2017.5.7.

洛夫先生写给胡乐民先生的亲笔信

洛夫诗歌演诵集

洛夫
胡乐民
著

北京时代华文书局

图书在版编目（CIP）数据

洛夫诗歌演诵集 / 洛夫，胡乐民编著. -- 北京 ：北京时代华文书局，2018.2

ISBN 978-7-5699-1949-3

Ⅰ. ①洛… Ⅱ. ①洛… ②胡… Ⅲ. ①诗歌欣赏－中国－当代②诗歌－朗诵－语言艺术

Ⅳ. ①I207.22 ②H019

中国版本图书馆 CIP 数据核字（2017）第 297680 号

洛夫诗歌演诵集

LUOFU SHIGE YAN SONG JI

著　　者｜洛　夫　胡乐民

出 版 人｜王训海

选题策划｜爱智达人

责任编辑｜周连杰　余荣才

装帧设计｜棱角视觉

责任印制｜刘　银

出版发行｜北京时代华文书局 http://www.bjsdsj.com.cn

北京市东城区安定门外大街 136 号皇城国际大厦 A 座 8 楼

邮编：100011 电话：010-64267955　64267677

印　　刷｜北京环球画中画印刷有限公司 010-63706888

（如发现印装质量问题，请与印刷厂联系调换）

开　　本｜880mm×1230mm　1/32　　印　　张｜5　　字　　数｜75 千字

版　　次｜2018 年 2 月第 1 版　　印　　次｜2018 年 6 月第 2 次印刷

书　　号｜ISBN 978-7-5699-1949-3

定　　价｜68.00 元

目 录

第三章

回念吾乡寄情思

——当代抒情

附录

洛夫诗论

怆然踏尽天涯雪，欣然回目望吾乡

把诗中的灯火一点点，点燃

——悼念洛夫

十年前，在洛夫先生八十寿辰暨诗歌创作六十周年之际，由我组织并主持，首都师范大学中国诗歌研究中心主办的“洛夫诗歌创作研讨会”于 2008 年 10 月 18 日下午在首都师范大学国际文化大厦第六会议室召开。那次与会的台湾诗人有方明，洛夫夫人陈琼芳；大陆诗人有屠岸、灰娃、树才、潇潇、李岱松、谯达摩、郃筐等，学者有沈奇、刘士杰、张洁宇、霍俊明、段从学等。

这是我第一次接近洛夫夫妇，洛老当时气色极佳，精力充沛，而且特别谦虚和平易，他用一贯平缓的口吻神情略显激动地对我说：这是大陆召开的第一场洛夫诗歌创作专题研讨会！洛老为了表示对我筹备此次研讨会的感激，专程写了两幅字赠予。

完全可以用意外的惊喜形容我接下这两幅字的感受。可能洛老并不知道，我为能在大陆举办这样一场迟来的洛夫诗歌创作研讨会，陡增了无可言说的使命感。就历史意义而言，这次研讨会联通并开启了两岸诗学深入对话碰撞的契机；就个人而言，我对现代汉语诗歌“绝对现代，绝对中国”的美学确证源于洛夫，对修正的超现实主义的创想精深于洛夫，对现代汉语与古代汉语超拔时空的融会止于洛夫。

台湾地区老一辈著名诗人中，我接触过叶维廉、余光中，罗门、向明、郑愁予、张默等。印象中，叶维廉是理性的学者风范，余光中是温润的白玉，罗门是燃烧着的火炬，向明是睿智的儒者……而洛夫，既是一座山，巍峨旖旎，让我们高山仰止，又是延伸的海岸，离散天涯持续创新的文人墨客。他的诗有魂有品，古人称杜甫的诗“穷高妙之格，极豪迈之气，包冲淡之趣，兼峻洁之姿，含藻丽之态”（蔡梦弼《草堂诗话》卷一引），可以说洛夫也堪对这一评价——无体不备，无法不具，法度谨严而“纵横变化，尽越陈规，浓淡浅深，动夺天巧”（胡震亨《唐音癸签》）。与此同时，洛夫的诗歌书写空间博大通融，真正做到了联通古今和中西，他既是一个可以自如穿行古诗造访李杜前辈的雅士，又是一个不断拿来翻新西方现代诗艺的勇士，所以我认为洛夫为华语诗坛所做最彰显的贡献是他开启了现代汉语诗歌的新质新境。此外，我们现在讲文化自信，洛夫是极具文化自信的艺术家，他的书法翩若惊鸿宛若游龙，雍容灵活，自在自足，诗书画三者融通的境界在世界诗坛上无可企及。

2001 年我写过洛夫的一篇评论《洛夫长诗〈漂木〉印象点击》（《当代作家评论》，2001 年第 6 期），2016 年，首师大诗歌中心与加拿大中华诗词学会合办加拿大《环球华报》副刊《新诗潮》，我担任副主编，经由主编沈家庄教授的请求，洛老欣然泼墨题字——“新诗潮”，这三个字犹如他毕生诗歌的写照，有高度有创新有时代感。去年，应演诵艺术家胡乐民的邀请，我为他与洛老合力之作《洛夫诗歌演诵集》作点评，这部诗集在当代诗坛上有其独特的艺术价值，胡乐民以演诵的方式诠释了洛夫的诗作，将有声语言艺术与当代诗歌艺术更立体生动地结合，创作出有生命力的回归真实情感的作品，便于读者更丰富深层地理解和感悟诗歌文本和创作主体的个体生命，以及古典情绪的现代演绎路径。去年暑假我应加拿大中华诗词协会之邀去温哥华进行学术交流及举办学术讲座，原本和乐民兄相约在温哥华一同去拜见洛老，临行前得知，他因病返回台湾疗治。我也留下永远无法弥补的遗憾。

再悲痛，洛老已去。但是，他的精神与作品永恒地留给我们。他就是那位手持烛火，一盏盏点燃诗魂的诗魔，那个“人在天涯之外，心在六合之内”的宇宙游客。如今，我们“在涛声中唤你的名字而你的名字／已在千帆之外……”（洛夫《烟之外》）；此时，我仿佛看见这位华语诗坛的泰斗在天涯的端口正泼墨续写着另一个世界的禅与诗，愿洛老安宁，与诗永生！

孙晓娅于首师大中国诗歌研究中心

2018 年 3 月 28 日

序言

时下正值中国新诗一百年的历史节点，举国上下各层各界都在以诗歌创作、举办朗诵会和朗诵比赛等方式，庆祝这一伟大年份，在“文化自信”的伟大号召之下，诗歌首当其冲站在时代的潮头，展现着中国的文化精神、抒发着中国的人文情怀，可以说中国的新诗迎来了一次新的历史高潮，担负起新的历史使命。有人说：“诗歌的复兴就是文化的复兴，文化的复兴就是诗歌的复兴。”此话实不为过。

朗诵艺术作为诗歌的一种有声载

体，也承担着诗歌复兴的使命，而且通过诗歌朗诵，也展现出当下人们对文化复兴、文化自信的信念与追求。诗歌界与朗诵艺术界的交流与合作也越来越密切，各行各业的诗歌朗诵爱好者们也积极地加入到艺术创作中来，创作了大量的诗歌作品、朗诵作品，优秀的诗人、朗诵者越来越多，形成了一支朝着专业化、职业化的方向迈进的队伍，也随之把祖国的优秀文化传播到了各行各业。正如王蒙先生在《青春万岁》中说的：

我们有时间、有力量、有燃烧的信念，
从来都兴高采烈，从来都不淡漠，
眼泪、欢笑、深思，全是第一次。
在生活中我快乐地向前，
多沉重的担子我不会发软，
多严峻的战斗我不会丢脸，
有一天，擦完了枪，擦完了机器，
擦完了汗，我想念你们，招呼你们，
并且怀着骄傲，注视你们。

我想，祖国和祖国的优秀文化正以极大的热情期盼着、招呼着，并且怀着骄傲，注视着我们这支朝气蓬勃的队伍。

我，作为朗诵艺术界的一棵新苗儿，多年以来也一直在思考着如何用自己的方式贡献力量。通过大量的学习和实践，我探索出以更加立体地、多方位地、新角度新形式地、深层次地来表现诗歌作品的“演诵”形式，在业内引起了很大反响，虽褒贬不一，但随着业内恩师们的指导、提携与呵护，我有继续学习的机会与继续实践的勇气，在不断调整、提高，甚至推翻重建之后，艺术上得到了升华，演诵艺术也得到了越来越多朋友的支持和喜爱。

如今恰逢新诗百年的历史契机，我与华语诗坛泰斗洛夫先生的携手，对于我来说既是人生中一大幸事，也是演诵艺术的一大幸事。我在多年以前就已读过洛夫先生的诗歌作品，但并不深入。2015 年 5 月我受邀参加中国诗歌学会、四川绵阳市李白诗歌协会主办的中国首届“李白诗歌奖”颁奖典礼，并朗诵“李白诗歌大奖”获得者的作品，这位获奖者就是洛夫先生，这篇作品就是他的长诗《李白传奇》。当时我感到的除了荣幸，就是压力，这位享誉海内外的华语诗坛泰斗是否能接受一位诵坛新秀的演诵呢？虽然有压力但我仍坚定信念，并且认为这篇长诗是有很大的演诵创作空间的，诗句的行动性很强，有浓烈的主观色彩，有讲述有旁观，有对李白绝世才华的赞颂，也有对李白人生境遇的惜怜，更多的还有劝解和希冀。读这首诗，感觉像是李白的一位好友在赞颂李白、劝导李白。我用第一人称的语言态势去表现，跳进跳出，时而是李白时而是洛夫（当然也是我自己），在赞颂时潇洒豪放，在惜怜时伤怀涕泣，尤其说到最后劝解和希冀的几句："就在那天下午 / 访戴天山道士不遇的下午 / 雨中的桃花不知流向何处去的 / 下午，我终于看到 / 你跃起抓住峰顶的那条飞瀑 / 荡入了 / 滚滚而去的溪流。"当时，我眼望着远方，目送着太白飘飞而去的身影，揖礼深拜，用眼神和慢慢行礼的动作传达出一句内心独白："太白先生，你终于以仙人之态重归仙人之所，为你高兴，你我就此拜别了！"这个结尾的表现，正是点睛之笔，传达出文字中充斥的深情厚谊。演出结束，白发苍苍精神矍铄的耄耋老人洛夫先生与我深切握手并给予了高度的肯定，并说：“没想到我的诗还可以这样表现。”从那以后，我和先生便相识了。此后我阅读了先生的诗歌全集和传记及大量的诗论文章，从中学到了很多诗歌创作的知识，更对先生的诗歌作品和创作理念崇拜至极，也萌发了演诵洛夫先生作品的想法。

择日不如撞日，正在我苦思如何创作、怎样创作、创作什么的时候，“文化复兴”的时代来了，“文化自信”的号召来了。它强调传承与创新，此时，我重读先生的诗作，发现了其中大量的作品都符合这一要求，尤其是《唐诗解构》和多首对话古人的作品。《唐诗解构》是把唐诗中耳熟能详的传世经典之作，用现代人的视角或者说是用洛夫的视角解析重构，有客观有主观，有同情有调侃，有冷峻有幽默，有体验有表现。通过先生的解构，我们可以感受到言凝意丰的古诗与形散神聚的新诗以两种不同的体式，在交汇中流淌出的一种相同的情感，正所谓今古一脉：情感一脉、精神一脉、风骨一脉。对话古人的诗作如《李白传奇》《车上读杜甫》《与李贺共饮》《走向王维》等，都是以亲密又敬仰的态度与古人对话从而表达自己的。他劝解李白表达了自己的向往，他感受杜甫讲述了自己的境遇，他同情李贺坚定了自己的风骨，他学习王维找到了自己的方向，等等。先生早年向西方的里尔克、波德莱尔等诗哲学习，创作了诸如《石室之死亡》等一系列超现实主义的作品，震动了诗坛，晚年对中国传统文化的“回眸”更是为当代华语诗坛做出了巨大的贡献，可以说对古今中外诗观与诗法的融会贯通，使他的诗作呈现出一种宏大的气象，三千行巨著《漂木》可与屈子的《离骚》并驾，二者虽有千差万别，但情怀不二，先生由此所创建的“天涯美学”正体现了二者内在悲剧精神的联系。

读先生的文字，感念先生的精神和情感，我激动不已，在电话簿中搜寻先生的号码，才发现我没有先生的电话，失落感催促着眼泪簌簌而落，当初与先生那仓促一面竟然未留下先生的电话。失望之余，突然发现，电话簿中有任亚辉阿姨的电话，她是先生的助理，时隔两年虽未联系，但她经常在我的微信朋友圈中为我点赞，我随之拨通了任阿姨的电话，用颤颤的声音寒暄一番之后表明心意，任阿姨欣然答应为我促成此事。她告诉我洛夫先生现远在加拿大的温哥华，随即与先生取得了联系，并为我和洛夫先生建了一个微信群。先生不仅记得我，还记得我的“演诵”，这令我非常感动。在群里我向先生表达了敬仰之情，并说明了用演诵的方式创作先生的诗作共同出书的想法，先生欣然接受，这对我来说完全是一种荣誉。先生年近九十，身体不好，却为我手写回信，拍照片发在群里，不仅认可我的想法，还说“没想到在自己晚年还能遇到一位年少的知音”。我也回信说“先生是我千古知音中最近的一位”，先生还亲自选了适合朗诵的作品若干，供我用演诵的方式再挑选，随后签了授权书给我，并为本书定名为《洛夫诗歌演诵集》，且鼓励我大胆创作，自此，我进入了前所未有的创作状态。

我之所以说这种创作状态前所未有，原因有三：其一，我从来没有过在一定的时间内集中演诵一位诗人的大量作品；其二，以往都是舞台呈现，而此次是音频呈现；其三，方法重构，观念重建。读者朋友一定会对这三点原因很感兴趣，那么我会在下一篇《洛诗诵罢心如洗》的文字里详细讲述。

2017年7月19日，我带着录音小样和激动的心情，在任亚辉阿姨的陪伴下来到了洛夫先生位于台北的家中（先生因为身体原因，偕夫人陈琼方女士于6月中旬回到了台北），这次是我和先生正式的会面。在先生家中，我把录音给先生听，先生非常认可并感到高兴，对《唐诗解构》中的几篇演诵处理给予高度肯定，并说“这是解构的解构”。我也讲述了我的创作方法和观念以及在创作中遇到的问题，先生对我提出的问题一一作了解答，也对另外几篇提出了看法和修改意见。回京后，我重新录制了所有的作品，并创作了演诵创作小记。以上就是这本书的创作初衷和过程。

亲爱的读者朋友们，如果您读了洛夫先生的诗歌文本，对新诗有了更深的认识和喜爱，通过我的演诵创作更加热爱上了有声语言艺术，那将是洛夫先生的欣慰，乐民之荣幸了。

2017年9月9日凌晨 胡乐民 于北京

洛诗诵罢心如洗

——《洛夫诗歌演诵集》创作总结

亲爱的朋友，您好，我是胡乐民，感谢您打开这本书。当您拿到这本书时，我想您一定充满了期待，期待读到好诗、听到好声音，更期待了解到我是如何演诵洛夫先生的诗作的。在此我首先要向您表示感谢，感谢您的支持和期待。为了不让您失望，自从和先生敲定携手出这本书时起，我便未敢懈怠。我一直在努力用心投入，用工匠精神去打磨作品，我对自己艺术创作的要求是很严格的，没有共鸣的文字我是不去碰的，有共鸣的文字，我就要下功夫，把我的生命装在里面，融化在诗作中。

从2017年4月15日到现在，已经过去将近五个月了，这五个月里，我把所选的洛夫先生的作品翻过来掉过去地，用各种不同的方式进行解析演绎，几乎每一篇都录制了三十遍以上，有的甚至录了五六十遍。您可能会感到奇怪，为什么要录那么多遍呢？其实这个过程可以说是比较艰辛的。

首先，这不是一般的朗诵，而是演诵创作，这就需要谨慎对待，仔细研究，选择表达方式需要从头开始。按照我自己创作的规律，是不能有期限的制约的，每一篇都需要深入地理解、体验、感悟，反复推敲打磨，没完没了地对自己提出质疑，等等。而且每天的感觉状态都是不一样的，所以，昨天的录音今天听就感觉不对；今天录完的，明天听又觉得好多地方不好；这段时间有这样的体验，过段时间也许就变成另外的体验了，总没有个标准。这也就是朗诵艺术难的地方，更何况是演诵呢，每一次的表达都会差异很大。比如唐诗解构中的《春望》《客至》《问刘十九》和《黄鹤楼送孟浩然之广陵》这四篇，应该是我反复修改次数最多的。这四篇的解构文字都是很情景化的，有很大的创作空间，但同时难题也来了，就是没有一定之规，似乎可以有很多种呈现方式。我尝试了好几种，哪一种都不错，但也觉得哪一种都有问题，这一下我犯了选择恐惧症，突然失去了判断能力，在同一作品的好几个版本的录音文件上标注“定稿”却不知道哪个是“最终定稿”。您现在听到的这些“最终定稿”都是我专门请各类朋友听后提意见。推敲修改之后大家帮助选定的。这些朋友里有学生、老师、爱好者、非爱好者、纯外行、专家、名家等，大家一起帮助选择之后，我拿给洛夫先生做“最终定稿”，先生并没有全部听，但以上说的这几首先生都听了，听完后很高兴很喜欢并笑着说：这是“唐诗解构的解构”。先生也听了《边界望乡》这一首，很欣赏我的情感把握能力，但也提出了某些地方的理解与节奏的把握问题，例如：

我居然也听懂了广东的乡音

当雨水把茫茫大地译成青色的语言

这两句是倒装句式，节奏一定要紧凑，不然听者就会有理解上的偏差，等等。

我认为录音比在舞台上的表演要难得多，只靠声音打动人，而没有其他手段，录音绝不能停留在“好听”这个层面，还要“动听”，更要让人“动心”，这就很难了。而配乐和音效等手段用得太多，过于情景化，又会破坏诗的意境与想象空间，这就使创作过程加长了。有的时候，由于某一两句感觉不到位，单独补录情感又接不上，只能从头到尾完整地再录一遍；几遍下来情感已经变得僵硬刻板，甚至消失殆尽，这样下来就只能停止录音，等情感重新饱满起来再录。有时候投入得太多了就需要休息两三天，根本不想作品的事。可是有时候即便情感恢复了，对作品非常熟悉了，而且反复练习了，录完音，仍会有这样那样的不满意。唉，真是遗憾的艺术！您可能会想：真有这么难吗？我的回答是：是的，就这么难。因为真实的情感和泛泛的情感是有很大差距的，而且真实的情感实际上是一种精神和体能的耗费，每一次都激情饱满，是很累的。何况很多作品都是伤感和悲怆的，这又会使人陷入一种怅然的状态。

当然，精神和身体上的折磨也使我有了思想上的提升，七月的一次深夜，窗外大雨滂沱，那是北京近些年少有的大雨，我一个人坐在录音棚里，反复揣摩《边界望乡》和《车上读杜甫》两首诗，听着雨声，体验着先生的情感和经历，回忆着自己的很多人生的过往：亲人的离去、年华的流逝，那些美好的时光和情感无法复制不能倒退重来。我感受到人生的悲凉与怆然，一切温暖都带着寒意，一切幸福的终点都是悲伤，突然失声痛哭，哭了十多分钟，哭声止而泪未停，咸泪流入口中又使我陷入沉思，想着先生写的很多禅诗，想到他走进了王维的意境，走进了淡然的虚空，这是一种痛后的超脱，也许只有痛过才能真正超脱，才能理解超脱的本质，这显然是一种哲学。之后我突然有一种释然的轻松，一切过往都是轮回，无需伤感，伤感也是轮回，想到此处，我把之前所有的录音推翻重录。那一夜我有所悟，所以现在您耳边的声音里有哀无伤，有凉无寒，更没有纠结之处。

其实，直到现在呈现在您耳边的，也不是我自己理想的状态，可能还是时间的原因，如果再给我半年时间，可能我会有更新的体会，情感也会更充沛，语言的控制力也许会提高得多一些。

最初我选了十三首《唐诗解构》的作品，先生又自选了二十几首适合朗诵的抒情诗，希望这本书的内容能够丰富一些，我的演诵创作也能多一些。但在整个创造过程中，我觉得不是每一篇适合朗诵的作品都适合演诵，而且追求每一篇都精彩是很难的事。要出精品，就必须集中精力，所以最后还是只选出这十六篇进行演诵创作，既有洛夫先生诗歌的代表性，又有我演诵艺术创作的代表性。

我还要强调这个“难”字，用录音的方式来呈现演诵风格真的是难上加难，因为除了声音我没有任何的表现手段。在舞台上，我可以运用大量的外部表现手段和形式，比如表情和动作，甚至是道具，而且收放自如，大起大合，游刃有余，而录音却不行，似乎它把这些全部切除了。我只能向内心向语言本身求方法，声音也不能过于追求色彩，甚至要苍老一些、疲劳一些，听起来才有阅尽沧桑之感，这样又削弱了声音的表现力，演诵似乎被绑住了手脚，这下使我颇费脑筋。

在尝试了很多方式之后，我逐渐把所有能用上的手段都放下了，我读了大量洛夫先生的文字，包括诗歌全集、诗论、传记等，随着对先生及其思想感情的理解，对作品越来越熟悉，有了越来越深入的感悟。在看似没有任何手段的时候，我发现我已经不是在表演了，而是在说话，既是我又是洛夫先生，当二者相融后，我塑造出一个新的诗人形象，没有了“演”，也不像是“诵”，而更接近于“说”，这个“说”就是一种自然之境，这才是真正的“演”。我似乎触摸到了京剧大师盖叫天先生说的“三形、六劲儿、心已八、无意则十”的境界：演员的表演外形达到三分，精气神儿和台上的范儿达到六分，表演时情感发自内心这已经达到了八分，但除了形、劲儿、发自内心之外，更高一层的是把所有的一切都融化掉，在无意的自然的状态下产生的表演才能达到十分，虽在表演却没了表演，这是化有为无的境界。

还有“少、多、少”的问题，这说的是三个不同的层次也是三个不同的阶段。第一阶段：在初学时创作手段很少，所以只能比较简单的朴素的去表演。第二阶段：通过不断学习掌握了很多的方法和手段，就多多使用多多展现，不管是否符合作品的需要，只想把所有学到的全都发挥出来。第三阶段：到了成熟期以后，逐渐把多余的手段都拿掉了，就留一两样，然而此时的“少”已经是一种炉火纯青的境界了。这需要下多大的功夫啊！

我的创作根本谈不上境界，艺无止境，更何况我还年轻，演诵也还在探索的路上，但我在追求着那种“融化”“无意”与“少”。

虽然创作的结果我自己并不很满意，但这个创作过程给了我很大的收获和提高，相信您也能从文字和声音里感受到我所说的。

演诵之门的钥匙

——《演诵创作小记》的小记

我在先生的每一篇诗作后面都附上了一篇短小的文字，名为《演诵创作小记》（简称《小记》）。其实，这些文字非同一般的创作记述，而是艺术创作，是为原文和演诵的艺术呈现架起的一道桥梁，是本书创作不可分割的一部分，更是对演诵创作的解读，洛夫先生说《小记》也是对他诗作文本的再解构。

我在创作《小记》时，力求用不同的表述方式和形式来写作，其中有直截了当地把具体的理解和创作方式进行介绍的，如《黄鹤楼送孟浩然之广陵》；

有对原作进行评论的，如《七月的挽歌》；也有读了原作之后联想起自己的很多情感经历的，例如《边界望乡》；还有把各种联想拼凑成一个小情景故事来解释原作的，如《因为风的缘故》；更有用人物对话的方式表达创作思维的，如《烟之外》等。这是为了让读者在读每一篇时有不同的感受，更是为了表达我如下两种创作理念。

其一，“无我不成诵”。在演诵创作中如果没有演诵者强烈的主观色彩，演诵将不成立。

这里谈到“就是我”的创作观、“就是我”的经历、“就是我”的情感、“就是我”要说的话，这里强调“自己”的东西更多。这和话剧表演“体验派”的演员创作中“我就是”的观念类似，但有不同，“我就是”是要求演员要把自己当作角色，在剧作的规定情境中“从自我出发”寻找出自己与角色相同或类似的生活和情感经验，向角色靠拢，去创造角色。而演诵与话剧表演的不同，从根本上讲，演诵创作的是文章不是角色，文章的题材和体裁的种类繁多，语言文字也不是生活化的，有的文章里有角色，演诵者是要有角色感的，但绝不是完全化装成角色去演，而是演诵者自己的形象。有的朋友说，作者就是角色，比如说《将进酒》，作者是李白，演诵时我们要去塑造李白。其实不然，如果是话剧表演，那就必须化装成李白，去表演李白这个角色，而演诵的“形象”是介于角色和演诵者自己之间的形象。又有人说：你不是曾经有一个版本的演诵，是穿着白袍拿着酒葫芦坐在舞台上表演，那不是话剧表演吗？我的回答是：那一版本的演诵，我并没有化装成李白的形象，只是用写意的方式创造了我与李白之间的一个形象，而这个形象也不是很具体的，它的内在精神离我自己更近。因为我所设定的规定情境是：在经历沧桑之后的某一天，作者在孤独地怅饮，回顾自己一事无成的一生。这个规定情境的设定应该是离李白创作这首诗的背景比较远的，那么也就是说我成了“剧作者”或“导演”，我用《将进酒》来表达我自己的理解或我自己的人生。也可以说，话剧演员演角色时要努力地让自己更像剧本中的那个角色，越像越好，而演诵创作是由演诵者在文本的基础上自编自导自演的，最终呈现出更像演诵者发出的自己的生命语言。举个例子：著名朗诵家曹灿先生近年来朗诵《将进酒》时，是用一种逍遥自在的状态朗诵的，他在说“人生得意须尽欢”、“天生我材必有用”“与尔同销万古愁”等句时，表现得非常的快乐。我一开始觉得没深度，总觉得李白在写这几句时是表面洒脱，而内心是惆怅的，但我现在想到的是曹灿先生自己。时下曹先生已经八十五岁高龄，八十多年的人生阅历，什么没见过没尝过呢，而且经历过两次与癌症的生死较量，现在的他把一切都看得淡然，把每一秒钟都过得快乐潇洒，这样的境界恐怕李白自己也是达不到的。所以也许李白的潇洒是带着惆怅的，而曹灿先生的潇洒却是释然的，曹先生的朗诵表达的是自己的人生。有朋友认为曹先生对《将进酒》的理解就是真李白，但我不这样认为，因为谁也没见过李白，谁也不能说李白就是这样的，只能说一千个读者心中有一千个李白。即便是研究李白的学者也不能说自己是权威，因为他的研究成果都是通过文字资料得来的，而文字不可能是绝对真实的历史。这个例子的结论是，演诵者是文字的编剧、导演和诠释者，他是通过自己对文章的二度创作来表达自己的人生。“我就是”指向角色，“就是我”指向自己。再拿本书的创作来举例，我把洛夫先生和我拉得很近，但我绝不是洛夫，而是我和洛夫先生相融之后的一个形象，拿《边界望乡》来说，大家可以通过《小记》了解到我对这首诗的理解和感受。

当然，这样的表述仅是我个人的创作体会，是一种思路和出发点，谈不上理论建树，每个人都有自己的方法和观念。借用功夫巨星李小龙先生的一句话来说明我的意思：“对我来说，武术的终极含义就是真实地表达自己。”

其二，“无法胜有法”。用看似纷乱的、不统一的、没规矩的，而其实是针对不同的文本，进行各种想象，向各种艺术门类去“拿”方法的方法来进行创作的。

这个理念也是从李小龙先生那里学来的。他说：“无法，就是所有的法，各种法，或者一切的法。”我的理解是：在自己的知识结构中，凡是能想到的法，只要你需要，它就可以为你所用。当然，前提是要不断地拓展自己的知识结构、文化水平、理解与感受能力和审美层次。李小龙先生以中国传统哲学思想为理论依据，学习并吸收了中国乃至世界各国多种优秀的武术技法和精髓，创立了颠覆传统武术思维的新门派——截拳道。“无法胜有法”“无法之法”即是他的思想精髓。 演诵的目的是通过有声语言与舞台表演的结合，从而更生动、更鲜活、更立体，画面感、体验感、感染力更强地表现文章和文章内在的精神。至于用的是哪一种方法，最后呈现出来的是什么形态，并不重要。恐怕我以上说到的“就是我”的方法可能也仅是其中一种方法。不识一字却能通晓佛理顿悟的禅宗六祖慧能大师，曾经提出过一个观念：手指指向月亮，目的是为了看到月亮，而手指只是途径或方法之一。所以，识字也只不过是通晓佛理见性成佛的途径之一，不识字也可以有其他途径，正所谓佛说的“八万四千法门”或我们常说的“条条大路通罗马”，这些都给我所提出的演诵提供了养分，使我在创作时绝不拘泥于某一种方法和形式。

对我目前的创作观来说，肯定“诵”是主干，“演”

是枝叶。如果丢了“诵”，表演的形式超出了有声语言艺术表演的范畴，那将成为另外的东西，但如果仅是“诵”，除了语言的音乐性和动听的声音之外，将听不到任何东西。至此，您又会说朗诵艺术本身就具有表演性，它是离不开表演的，但如果把表演单独强调出来，是否会多此一举，或走向极端呢？ 我想这是分寸、火候、程度的把握问题，《小记》将是为您打开这个问题之门的一把钥匙，如果您能在一个比较安静的时间和环境中，认真读读原作，静静听听录音，好好品品《小记》，我想您一定会感受到我单独提出的“演”的意义。它又绝不是简单的、外在的、浅薄的、为了演而演的、做作的，而是为了追求一种生命的真实所作出的多种思考、想象、体验的尝试，外在形式只是辅助手段而已。

欢迎读者朋友多多交流，提出更多不同的看法，相互学习指正，不断探索，咱们共同进步。

第一章

回眸经典寄今意

唐诗解构

回乡偶书 / 黄鹤楼送孟浩然之广陵

月下独酌 / 春望 / 客至 / 问刘十九 / 夜雨寄北

回乡偶书

演诵：胡乐民

少小离家老大回，
乡音无改鬓毛衰。
儿童相见不相识，
笑问客从何处来。
——贺知章

*

你问我从哪里来？
风里雨里
茅店鸡鸣里，寒窗下的灯火里
从丢了魂的天涯
从比我还老的岁月里
有时也从浅浅的杯盏里

孩子，别说不认识我
这乡音 就是我守护了一辈子的胎记

演诵创作小记

这是乡愁诗中最震恸人心的一首。主人翁一生漂泊、一生奔波，终于在两鬓衰颓时告老还乡，归心似箭的他旅途劳顿风尘仆仆，下了车一路狂奔，到了村口，被家乡翻天覆地的变化怔住，惊讶四顾感慨万分。这时村里的几个孩子正在嬉戏，看到茫然若失的一位老者站在村口发愣，就围过来打量他，觉得好笑，好像从来都没有见过这样木讷的人。一个孩子毫不认生地大声问道：“这位老客您从哪儿来呀？”这句话如同晴天霹雳一般，震得他倒退了两步，他定睛看着这几个孩子，虽然不认识，但能确定，他们都是同村的晚辈后生，不认识倒也自然，可“老客”这个称呼却让他百感交集。他没有急着回答，而是低头打量自己，甚至闻了闻身上的味道，然后陷入了深思：我到底是从哪里来的啊？真的一点故乡的味道都没有了吗？我一生风雨兼程、磕磕碰碰，为了理想勇敢向前，一切都可以放弃，一切都可以牺牲，可就是没有改变对家乡的眷恋，我这一口浓厚的乡音就是证明；而且，总在那些清苦的日子里，在那些失意的日子里，在那些难熬又必须熬、受伤又必须忍、痛苦又不能哭、梦了又必须醒的日子里，想家。想家变成了一种动力，使我战胜了无数次困难，最终取得了成功，但这没有什么值得骄傲的，要说这一生最大的成功，就是还能回来，认认真真地回来、死心塌地地回来、幸幸福福地回来，带着一口原汁原味的像胎记一般刻在灵魂深处的乡音，回到童年、回到原点、回到初心。

想完了这些，心情十分舒畅，他大声地回答：“俺不是老客，俺是老乡！”可孩子们早已在他发愣时不耐烦地各自回家了。

黄鹤楼送孟浩然之广陵

演诵：胡乐民

故人西辞黄鹤楼，

烟花三月下扬州。

孤帆远影碧空尽，

唯见长江天际流。

——李白

*

樯帆远去

带走了黄鹤楼昨夜的酒意

还有你的柳丝

我的长亭

带走了你孤寒的背影

还有满船的

诗稿和离情

孤帆越行越远，越小
及至
更小
只见一只小小水鸟
横江飞去

再见，请多珍重
小心三月扬州的风雨
还有桃花

演诵创作小记

洛夫先生从原诗中解构出一个情景，他以主人的视角，看着离人的樯帆远去，回想着昨夜谈诗、论世，通宵畅叙，把酒抒怀，又在临别时依依不舍地看着小船“越行越远，越小”，他独自默默地调侃了对方一句：“小心三月扬州的风雨 / 还有桃花。”可以感受到二人的情谊之深长。此篇虽是离别诗，却不是“西出阳关无故人”的感伤，而是“天下谁人不识君”的旷达。

“孤帆远影碧空尽，唯见长江天际流”中不但有旷达也有绝世的空寂之感，洛夫先生用“越行越远，越小 / 及至 / 更小 / 只见一只小小水鸟 / 横江飞去”几句的轻巧点缀，便把这空寂的画面表现得淋漓尽致，然而转化为声音来表现就显得单薄了，不明显了，所以我融入了一段唱，并加了混响效果，试图用悠远寂静空旷的感觉表现出江天旷远的意境。“樯帆”形单影只，“故人”前路茫茫，或喜或忧，或幸福或悲苦，送行的主人站在楼上凭栏远望，也是形单影只、前路茫茫。二人感同身受，虽已离去，但心却是在一起的。“海内存知己，天涯若比邻”啊，旷远的声音也许不是唱出来的而是响在心中的，最后的一句是调侃，也是为“故人” 寄去了美好的期盼。我用会心的笑意说出了最后的句子，您能通过我的语气想象到我的眼神，那是一种充满着对“故人”未来生活美好希冀的温暖的目光。

月下独酌

演诵：胡乐民

花间一壶酒，独酌无相亲。
举杯邀明月，对影成三人。
月既不解饮，影徒随我身。
暂伴月将影，行乐须及春。
我歌月徘徊，我舞影零乱。
醒时同交欢，醉后各分散。
永结无情游，相期邈云汉。

——李白

*

独酌是对酒的一种傲慢
可是，除了不解饮的月亮
我到哪里去找酒友？

天上也月，地上也月

花间也月，窗前也月
壶里也月，杯中也月
我穿上月光的袍子
月亮借去了我全身的清凉

举杯一仰而下
一个孤寒的饮者月下起舞
下酒物是壁上零乱的影子
我把酒壶摇呀摇
摇出了一个寂寞的长安
摇呀摇，摇出了一个醉汉
一卷熠熠生辉的盛唐

演诵创作小记

古今中外把酒对月的人不计其数，被月亮灌醉的人更多，而和月亮的爱情最深的当太白先生莫属，不，应该说月亮更爱他，被他呼来唤去，永远在他最需要的时候服侍他。然而太白并不满意，还说她“不解饮”“醒时同交欢，醉后各分散”，随身的影子更不靠谱，月亮不来他绝不到场，还是自己快乐最好，但是月亮并不恼，一直陪着他。

洛夫先生说他诗中处处不月光，我说他人生无时不月亮，还是月亮最懂他。

太白以一篇《月下独酌》把横亘千古的寂寞变成了一种美，美得快乐潇洒，失意的惆怅并不重要，“行乐须及春”才是重要的。洛夫先生说他跟月亮和影子跳舞时把酒壶摇得上下翻飞，把长安摇得寂寞难耐，把盛唐摇得熠熠生辉。是呀，真是没人能比他的寂寞更潇洒了，所以我要为他的舞蹈配一支潇洒的曲子。

春望

演诵：胡乐民

国破山河在，城春草木深。

感时花溅泪，恨别鸟惊心。

烽火连三月，家书抵万金。

白头搔更短，浑欲不胜簪。

——杜甫

*

该死的驿丞

三个月都不见一封家书

从浅浅的酒杯中

他用一根白发钓起，啊，那岁月

额上的皱纹

成倍数增长

烽火起了

马蹄响了
城池破了
春天来了

春天来了
蓟草与野冢等高
城池破了
不幸的人拥雨声入睡
马蹄响了
一枝花瓶哀号一声碎在大街上
烽火起了
长安的耗子正排着队等待轮回
安禄山打过来了
杨玉环在马嵬坡睡着了
花朵躲在叶子后面暗泣
鸟儿吓得打翻了窝
蛋，毫无疑问完了蛋

什么都不对劲

怔怔地，对着镜子发愁
他举起木簪，颤颤地
插呀插
插进了破镜的裂缝

演诵创作小记

如果那天下雨，即便有家书传来，驿丞也不会冒雨给他送。雨一下，心里的那块石头又加重了几分。被战火软禁在此，与外界隔绝，满目的焦土残垣，看来无论胜败国都是破了，一腔报国心，现在只剩下苦等。等家书，等官军收复河南河北，举起一杯残酒，就剩这最后一口酒可以暂解忧愁了。突然一根白发飘落杯中，他望着这根由黑变灰又变白的发丝，想到自己这些年的经历，想到安史之乱以来百姓的苦难、朝廷的荒唐，可悲可恨可怜可笑，盛世霓裳随着乱风飞舞，飘落于马嵬坡之下，顺势把树上的鸟窝打翻，蛋里的盛唐全部摔碎。当年“致君尧舜上，再使风俗淳”那豪气冲天的凌云壮志，都随着满头的苍发越搔越短，对着破镜，怔怔地发呆，神经质地拿起簪子往镜子里的影像头上插，插呀插……“咔嚓”一声，“唉！山河何时重整，破镜何时重圆啊？”

客至

演诵：胡乐民

舍南舍北皆春水，但见群鸥日日来。
花径不曾缘客扫，蓬门今始为君开。
盘飧市远无兼味，樽酒家贫只旧醅。
肯与邻翁相对饮，隔篱呼取尽馀杯。

——杜甫

*

来客请进
请进我这躬身迎客的蓬门
请进我这草堂的三月
进入今天才为你开启的一道风景
请进这春水的妖娆荡漾
进入群鸥争食我挺喜爱的聒噪
这里风生水起，有冷冷的灯火和诗稿
请进入我这天长地久的荒凉

宾客临门，我心欢喜
把盏叙旧，对饮几杯有其必要
上街吃馆子太远
何不就在寒舍喝两杯老酒
先来一壶风雨连年的寒暄
佐以辛辣的牢骚，酸酸的叹息
你可知道酒浓入梦是啥滋味？
醉在软软的夕阳里

干，当饮尽最后这哀乐参半的一盏
忽然想起邻居的老哥
喂，有没有兴趣过来喝两杯？
我猛敲隔邻的篱笆
但见将萎的桃花
咏叹调一般飘落一地

演诵创作小记

孤独，孤独到只能用诗稿来排遣，孤独到与群鸥为伴，孤独得近乎于荒凉，荒凉到天长地久。也只有因为孤独才在有客来访时如此兴奋，似乎已经不知所措了。在家里吃顿便饭，酒菜虽简却无比的放松自在，杯盘狼藉相与枕藉于夕阳西下的柔软之中，这当是无比的幸福啦。邻居的老哥也许姓王，应该早就搬走了，可还是想喊他一声，万一他还在，岂不是更热闹一些？在这无比的幸福时刻就连散落的桃花也“哗啦啦”地为之咏叹而歌，随即用筷子敲着碗，唱了起来……

在我录制此篇时，已是深夜，我一个人坐在录音棚，为了营造气氛，拿着两个碗，碰了无数次，最后又敲着碗唱了无数遍，在制作完成后，外面下起了雨，我也陷入了深深的孤独，突然有一种念头，子美先生的客人真的来过吗？还是因为孤独而自己在酒桌的对面放了一副碗筷，跟臆想的朋友对饮呢？如果是这样的话，子美先生的孤独岂不是太让人怜悯心疼了！

问刘十九

演诵：胡乐民

绿蚁新醅酒，
红泥小火炉。
晚来天欲雪，
能饮一杯无？
——白居易

*

天欲雪
炉火正旺
朋友，能来坐坐吗？
酒器，花生米，茴香豆正列队相迎

酒是家酿
一种未达燃点的温度
馋，在炉火与酒香之间梭巡不去

快下雪啦

老兄，你怎么还不来

他在等候中睡着了

梦见

一只青鸟从雪山飞来

遽然坐起

干杯

他对着墙上自己的影子浮一大白

演诵创作小记

孤独，绝世的孤独，这一篇解构出来的孤独感，比杜甫的《客至》更加令人不可思议，同时更令人心生怜悯。

如果说这孤独是醉吟先生（白居易的号）的，倒不如说是洛夫先生自己的，原作中对饮的朋友，在解构之作中被删除了，变成了主人的臆想与期待，恐怕连这位朋友是谁都不知道。“等待”二字，也只是主人翁的自我安慰罢了，在无可奈何的百无聊赖中他睡着了，在梦中朋友化为了一只青鸟。今晚天欲雪，没有月亮，却“遽然坐起”对着墙上即将隐去的残影，干了一大杯。糊涂、神经质、撒癔症，可笑、可爱、可怜。

文本的前两段是主观视角，后边两段是客观视角，所以我在声音处理上分了两层，把主观的“我”留在那里打鼾，用客观的“我”讲述睡着后的情况。当看到他“遽然做起”

向影子干杯时，客观的“我”报以惊讶的嘲笑，又为他的绝世孤独而叹息，最后，响起旷然的吟唱，更突出这种孤独感。

夜雨寄北

演诵：胡乐民

君问归期未有期，

巴山夜雨涨秋池。

何当共剪西窗烛，

却话巴山夜雨时。

——李商隐

*

别提归期

我的心事你该明白

在这巴山湿漉漉的秋雨中

我的心事

你不明白

这夜雨啊

下得既长且深

下得又远又近

下了一池塘的愁和闷
你等着吧
等我回来咱俩西窗叙旧时
你就知道
巴山的夜是多么聒噪
雨又多么静

演诵创作小记

“近来几乎每天夜里都辗转反侧，难以入眠，离开家乡很久了，事事都不顺意。今夜又下起了雨，雨声一会儿弱一会儿强。我最怕下雨，因为雨能引出我心中的泪。一场秋雨一场寒，寒气入心，让我更无睡意，干脆起来，泡一壶清茶，喝茶，不如说是品雨，回想起我走的那天，你送我到车站，问我何时回来，我想了好半天，最后说了一句‘大约在冬季’，便转身上了车。此去经年，我并无归意，不是不想回，而是不想就这样回。我想你是懂我的，可是今夜我听着雨声所想到的，恐怕你很难懂得。因为很多事情只有我自己知道、只有我自己明白，只能默默去承受、只能默默去化解。喝了一口茶，又想起那些年在家乡过的清苦的日子，听着窗外的雨声，仿佛我现在就坐在家乡那间老屋里发呆。想家，想你，想院里的老树，想缸里的金鱼，想很多的事情……再过不久冬季就到了，我想还是得回去，也该回去，回去咱俩围炉夜话，我会好好给你讲讲今晚我都想了些什么，我会告诉你这夜为什么让我心乱，雨又为什么让我心静。”

以上是我设定的一个情景，仿佛又是一封信，家在哪，主人是谁，他在想谁，想哪些事情，等等。这些问题不必回答，我想每个人都有自己的答案，生活中的喜怒哀乐，在想家的时候都变得酸楚，尤其是在雨夜更为如此。

第二章

回望千古寄知音

对话古人

李白传奇 / 车上读杜甫 / 与李贺共饮

李白传奇

演诵：胡乐民

相传峨嵋峰顶有一块巨石，石上铺有一张白纸，一天午后，风雨大作，天震地撼之际，一只硕大无比的鹏鸟碎石破纸，冲天而飞……

*

第一站

他飞临长安一家酒楼

1

整个天空骤然亮了起来
满坛的酒在流
满室的花在香
一支破空而来的剑在呼啸
众星无言
只有一颗以万世的光华发声
惊见你，巍巍然
据案独坐在历史的另一端
天为容，道为貌
山是额头而河是你的血管
乘万里清风
载皓皓明月
飞翔的身姿忽东忽西，忽南忽北
中央是一团无际无涯的混沌
雷声自远方滚滚而来
不，是惊涛裂岸
你是海，没有穿衣裳的海

赤赤裸裸，起起落落

你是天地之间

酝酿了千年的一声咆哮

2

撩袍端带

你昂然登上了酒楼

负手站在栏干旁，俯身寻思

谁是那灯火中最亮的一盏

这时，半空蓦然飘落一条白色儒巾

随风化为满城的蝴蝶

旋舞中，把所有窗口的灯

一盏盏扑灭

这样正好，你说你要用月光写诗

让那些闪烁的句子

飞越寻常百姓家

然后一路亮到宫门深锁的内苑
拿酒来！既称酒仙岂可无饮
饮岂可不醉
你向墙上的影子举杯
千载寂寞万古愁
在一俯一仰中尽化为声声低吟
你犹记在那最醉的一天？
在禁宫，在被一大丛牡丹吓醒之后
磨墨濡笔的宫女问：
你就是那好酒、吐酒、病酒的饮者？
宽衣脱靴的内侍问：
你就是那飞扬跋扈的诗人？
你仰着脸不答，挥笔如舞剑
顿见纸上烟霞四起
才写下清平调的第一句
便惊得满园子的木芍药纷纷而落
沉香亭外正在下雪
在盈尺的冰寒中
你以歌声为唐玄宗暖手

以诗句为杨贵妃铺设了
一条鸟语花香的路

3

而长安
是一个宜酒宜诗不宜仙的地方
去吧！提起你的酒壶
挟起你的诗册，诗册中的清风和明月
边走边饮去游你的三江五湖
去黄河左岸洗笔
右岸磨剑
让笔锋与剑气
去刻一部辉煌的盛唐
而做官总是败坏酒兴的事
再也潇洒不起来的事
永王不见得能分享你月下独酌的幽趣

对饮的三人中
想必不会有喋喋不休
向高山流水发表政见之辈
你又何苦去蹚那次浑水
放逐夜郎也罢，泛舟洞庭
出三峡去听那哀绝的猿声也罢
人在江湖，心在江湖
江湖注定是你诗中的一个险句

4

不如学仙去
你原本是一朵好看的青莲
脚在泥中，头顶蓝天
无需颍川之水
一身红尘已被酒精洗净
跨鲸与捉月

无非是昨日的风流，风流的昨日
而今你乃
飞过嵩山三十六峰的一片云
任风雨送入杳杳的钟声
能不能忘机是另一回事
就在那天下午
访戴天山道士不遇的下午
雨中的桃花不知流向何处去的
下午，我终于看到
你跃起抓住峰顶的那条飞瀑
荡入了
滚滚而去的溪流

演诵创作小记

我在本书的序言中介绍了曾经对《李白传奇》的创作，相比之下现在的这一版要成熟太多，一是对洛夫先生的人和诗有了更深的理解，一是对诗人这一群体有了更深的认识。其实在每个诗人心中都有一个李白，都向往着那超然绝世的才华，还有那超然绝世的“好酒吐酒病酒”、“飞扬跋扈” 的性格。然而，才华不易有性格更难求，何况这样的性格是很难被人接受的。如果你懂他就会欣赏他，如果不懂他就会骂他，也许就连他自己也不是很懂自己。但洛夫是懂他的，对他说“做官总是败坏酒兴的事 / 再也潇洒不起来的事 / 永王不见得能分享你月下独酌的幽趣 / 对饮的三人中 / 想必不会有喋喋不休 / 向高山流水发表政见之辈 / 你又何苦去蹚那次浑水”，还劝他“江湖注定是你诗中的一个险句 / 不如学仙去 / 你原本是一朵好看的青莲 / 脚在泥中，头顶蓝天 / 无需颍川之水 / 一身红尘已被酒精洗净”，这番话足以证明洛夫是他的千古知音了。在最后说到“就在那天下午／访戴天山道士不遇的下午／雨中的桃花不知流向何处去的／下午，我终于看到／你跃起抓住峰顶的那条飞瀑／荡入了／滚滚而去的溪流”时，洛夫的心中应该是欣慰的，甚至是喜悦的。因为这不仅是他看到太白“以仙人之态重归仙人之所”的欣慰，也是他自己情感的向往与希冀。当年我初识洛夫先生时所演诵的那一版，对这几句话的处理是伤感的，如今看来是大错特错了。

车上读杜甫

演诵：胡乐民

剑外忽传收蓟北

*

摇摇晃晃中
车过长安西路乍见
尘烟四窜犹如安禄山败军之仓皇
当年玄宗自蜀返京的途中偶然回首
竟自不免为马嵬坡下
被风吹起的一条绸巾而恻恻无言
而今骤闻捷讯想必你也有了归意
我能搭你的便船还乡吗？

初闻涕泪满衣裳

*

积聚多年的泪
终于泛滥而湿透了整部历史
举起破袖拭去满脸的纵横
继之一声长叹
惊得四壁的灰尘纷纷而落
随手收起案上未完成的诗稿
音律不协意象欠工等等问题
待酒热之后再细细推敲

却看妻子愁何在

*

八年离乱
灯下夫妻愁对这该是最后一次了
愁消息来得突然唯恐不确
愁一生太长而今又嫌太短
愁岁月茫茫明日天涯何处
愁归乡的盘缠一时无着
此时却见妻的笑意温如炉火
窗外正在下雪

漫卷诗书喜欲狂

*

车子骤然在和平东路刹住
颠簸中竟发现满车皆是中唐年间衣冠
耳际响起一阵　　之声
只见后座一位儒者正在匆匆收拾行囊
书籍诗稿旧衫撒了一地
七分狂喜，三分欷
有时仰首凝神，有时低眉沉吟
劫后的心是火，也是灰

白日放歌须纵酒

*

就让我醉死一次吧
再多的醒
无非是颠沛
无非是泥泞中的浅一脚深一脚
再多的诗
无非是血痞
无非是伤痕中的青一块紫一块
酒，是载我回家唯一的路

青春作伴好还乡

*

山一程水一程
拥着阳光拥着花
拥着天空拥着鸟
拥着春天和酒嗝上路
雨一程雪一程
拥着河水拥着船
拥着小路拥着车
拥着近乡的怯意上路

即从巴峡穿巫峡

*

车子已开出成都路
犹闻浣花草堂的吟哦不绝
再过去是白帝城，是两岸的猿啸
从巴峡而巫峡心事如急流的水势
一半在江上
另一半早已到了洛阳
当年拉纤入川是何等慌乱凄惶
如今闲坐船头读着峭壁上的夕阳

便下襄阳向洛阳

*

入蜀，出川
由春望的长安
一路跋涉到秋兴的夔州
现在你终于又回到满城牡丹的洛阳
而我却半途在杭州南路下车
一头撞进了迷漫的红尘
极目不见何处是烟雨西湖
何处是我的江南水乡

岁月就这样熬着耗着，熬到白首耗到沧桑。公交车上报站的声音传来家乡的地址“和平东路”“成都路”“杭州南路”……引得我心中阵阵酸楚，喉咙发哽，眼睛发烫。子美啊，当我读到你“闻官军收河南河北”之时，你知道我有多么羡慕你吗？你的眼泪是欣喜若狂，而我的眼泪却是怅然悲怆，你可以回家了，而我仍在此地彷徨，杭州南路不见江南水乡，我一头白发淹没于薄雾茫茫……

在那个大雨滂沱的夜晚，我独自坐在录音室里，反复录制着这首诗，思绪跌宕起伏，想着杜甫、念着洛夫，回忆着自己的感伤，我没有离开过家乡，但三十年翻天覆地的变化，让我怅然若失，童年的痕迹已荡然无存了。

从我五个月大就开始和爷爷奶奶生活在一起，奶奶把我养大，爷爷把我培育。小的时候奶奶家是个小院，种着一棵和我的年龄相仿的大杨树。奶奶每天照顾我的起居，给我炖肉吃；爷爷喜欢京剧，边唱边陪我下象棋。记得五六岁时，有一次在异地工作的父母把我接走住了一段时间，我每天都要让妈妈带着站在夕阳西下的路口望着下班回家的人群，希望能看见爷爷奶奶出现在人群之中。望得久了，妈妈拉我回家，我还一步一回头地望着，直到关上了家门。当我回到奶奶家之后，抱着奶奶痛哭不止。从那以后再也没有长时间地离开过爷爷奶奶。如今我已长大，奶奶已经故去，爷爷也已苍老，父母也已年迈，老院子成了排排新楼房的占地，大杨树也变为新家具。新的越来越新，老的越来越老；新的还会更新，老的还会更老；新的也在变老，老的都将逝去。

在那个大雨滂沱的夜晚，我放声涕泣，仿佛人在天涯，家在梦里。

与李贺共饮

演诵：胡乐民

石破

天惊

秋雨吓得骤然凝在半空

这时，我乍见窗外

有客骑驴自长安来

背了一布袋的

骇人的意象

人未至，冰雹般的诗句

已挟冷雨而降

我隔着玻璃再一次听到

羲和敲日的叮当声

哦！好瘦好瘦的一位书生

瘦得

犹如一支精致的狼毫

你那宽大的蓝布衫，随风

涌起千顷波涛

嚼五香蚕豆似的

嚼着绝句。绝句。绝句。

你激情的眼中

温有一壶新酿的花雕

自唐而宋而元而明而清

最后注入

我这小小的酒杯

我试着把你最得意的一首七绝

塞进一只酒瓮中

摇一摇，便见云雾腾升

语字醉舞而平仄乱撞

瓮破，你的肌肤碎裂成片

旷野上，隐闻

鬼哭啾啾

狼嗥千里

来来请坐，我要与你共饮

这历史中最黑的一夜

你我显非等闲人物

岂能因不入《唐诗三百首》而相对发愁

从九品奉礼郎是个什么官？

这都不必去管它

当年你还不是在大醉后

把诗句呕吐在豪门的玉阶上

喝酒呀喝酒

今晚的月，大概不会为我们

这千古一聚而亮了

我要趁黑为你写一首晦涩的诗

不懂就让他们去不懂

不懂

为何我们读后相视大笑

演诵创作小记

白发苍苍的诗魔，身形枯槁的诗鬼，在历史中最黑的一夜千古一聚，曦和敲日、驴儿踢踏，鬼哭啾啾、狼嗥千里，伴奏声此起彼伏，为此庆祝。二人相聚把盏抒怀，饮凝在半空的秋雨，餐一布袋的意向，洛夫高兴地开了句玩笑：“长吉啊，你真是个鬼，竟然瘦成这个样子。”见李贺一脸怅然，又劝慰道：“唉！何必发愁呢，你那做了三年的小官儿，比起你的诗句来，根本不值一提。你要是为作诗而愁，倒也值得。诗仙、诗圣、诗佛虽然都是在编的，但在我看来太白的潇洒和子美的愁苦都不如摩诘后来安然自在的境界高，咱俩也该向他学习才是，不过你有你的骨头我有我的筋，自信也是应该的。来，我送给你一首诗，别人也许读不懂，你读了却一定会欣然大笑的。”

洛夫先生送给李长吉的诗我也没读懂，但我知道他俩在笑什么。

第二章

回念吾乡寄情思

当代抒情

边界望乡 / 寄鞋 / 众荷喧哗 / 因为风的缘故
烟之外 / 七月的挽歌

边界望乡

演诵：胡乐民

1979年3月中旬应邀访港。16日上午余光中兄亲自开车陪我参观落马洲之边界。当时轻雾氤氲，望远镜中的故国山河隐约可见，而耳边正响起数十年未闻的鹧鸪啼叫，声声扣人心弦，所谓“近乡情怯”，大概就是我当时的心境吧。

*

说着说着

我们就到了落马洲

雾正升起，我们在茫然中勒马四顾
手掌开始生汗
望远镜中扩大数十倍的乡愁
乱如风中的散发
当距离调整到令人心跳的程度
一座远山迎面飞来
把我撞成了
严重的内伤

病了病了
病得像山坡上那丛凋残的杜鹃
只剩下唯一的一朵
蹲在那块“禁止越界”的告示牌后面
咯血，而这时
一只白鹭从水田中惊起
飞越深圳

又猛然折了回来

而这时，鹧鸪以火发音
那冒烟的啼声
一句句
穿透异地三月的春寒
我被烧得双目尽赤，血脉贲张
你却竖起外衣的领子，回头问我
冷，还是
不冷？

惊蛰之后是春分
清明时节该不远了
我居然也听懂了广东的乡音
当雨水把莽莽大地
译成青色的语言

喏！你说，福田村再过去就是水围

故国的泥土，伸手可及

但我抓回来的仍是一掌冷雾

演诵创作小记

近日，北京一直下雨，这雨给了我创作洛夫先生诗作的无限灵感。我素来喜欢天色清濛，细雨微微的日子，每天都沉浸在宁静却又跌宕起伏的心境中。宁静是因为雨所带来的一种沉郁的孤寂之感，跌宕起伏是因为在沉郁孤寂时总能勾起阵阵回忆、怅然酸楚。这种情感的侵浸使我灵魂深处产生一种“感伤力”，它让我触摸到了先生“天涯美学”的血管与心跳，感受着那份热烈与孤寒。

《边界望乡》和《车上读杜甫》是刺中我内心最柔软部位的两首诗，使我陷入了无尽的哀伤。《车上读杜甫》使我哀于先生那头淹没在他乡薄雾中的苍苍白发，《边界望乡》则伤于先生那双空握故乡冷雾的怔忡冰掌。

《边界望乡》几度使我似喉中鲠刺般难吐难咽，句句都使我想起我那无法回去的幸福童年和无法再见的最爱我的奶奶。童年的幸福可以说都是奶奶给的，而奶奶养育了我十八年，就像完成了一项事业一样，在我十八岁成人的时候带着对我的无限惦念与不舍离开了我。之后那无数次的梦中相见，却又只是远远地望着我，无言，似乎怕惊扰我，而深情的目光似乎在说着：“奶奶就是来看看你，你挺好，奶奶就放心了。”我张开双臂去抱她，抱住的却是一团“冷雾”。

在我的生命中，奶奶是最重要的人，最爱我的人，然而在我的记忆中，奶奶和我的故事却一直都是那样单调平常。她每天都照顾我的衣食和起居，这是每天最正常的事情也是最普通的事情，普通到不需要记忆。直到奶奶去世的那天，有一百多人为她送行，其中除了亲人还有邻居、朋友和她曾经帮助过的很多人，无不涕泪纵横。那时我才明白作为一个不识一字的普通乡下妇女，奶奶一直用她朴实而高尚的德与行滋养着我。当我读到《边界望乡》中“病了病了 / 病得像山坡上那从凋残的杜鹃 / 只剩下唯一的一朵 / 蹲在那块‘禁止越界’的告示牌后面 / 咯血”这几行时，我就想起与奶奶阴阳相隔一年后的第一个清明节。我去墓地看她，那天也下着雨，跪在墓碑前回想她在世时的种种和走后梦中望我的眼神，我肝肠寸断，“杜鹃啼血”般的哀哭、抽泣，到了几乎要窒息的程度，那种肝肠寸断比任何痛苦的病状都难以承受。墓碑就是阴阳两地“禁止越界”的“告示牌”，“我在外头，奶奶在里头”，我伸手紧紧抓起一把墓碑前冰凉的泥土，就像梦中抱住奶奶变成的那团“冷雾”。

曾经洛夫先生在落马洲之边界望乡，而此刻我在梦境中把奶奶盼想。

寄鞋

演诵：胡乐民

好友张拓芜与表妹沈莲子自小订婚，因战乱在家乡分手后，天涯海角，不相问闻已逾四十余年，近透过海外友人，突接获表妹寄来亲手缝制的布鞋一双，拓芜捧着这双布鞋，如捧一封无字而千言万语尽在其中的家书，不禁涕泪纵横，欷歔不已。现拓芜与表妹均已老去，但情之为物，却是生生世世难以熄灭。本诗乃假借沈莲子的语气写成，故用辞力求浅白。

*

间关千里

寄给你一双布鞋

一封

无字的信

积了四十多年的话

想说无从说

只好一句句

密密缝在鞋底

这些话我偷偷藏了很久

有几句藏在井边

有几句藏在厨房

有几句藏在枕头下

有几句藏在午夜明灭不定的灯火里

有的风干了

有的生霉了

有的掉了牙齿

有的长出了青苔

现在一一收集起来

密密缝在鞋底

鞋子也许嫌小一些
我是以心裁量，以童年
以五更的梦裁量
合不合脚是另一回事
请千万别弃之
若敝屣
四十多年的思念
四十多年的孤寂
全都缝在鞋底

演诵创作小记

“得知你消息的那天晚上，我想给你写封信，手里拿着笔想啊想啊，有无数的话哽在喉咙里，却又无从说起，想了一个多小时没写下一个字。我怔怔地发愣，手握着笔在纸上乱画，无意中画出了一双鞋……对啊，寄给你一双鞋吧！于是，放下笔去做鞋。

“五天的工夫鞋做完了。这双鞋很结实，纳得特别紧，缝得特别密。因为我纳一针就想起一句话，纳一针就叨念一句话，纳了将近四千针，说了将近四千句，鞋底纳完了，可话还没说完，就在绱鞋时接着说，一针又一针，一句接一句，鞋做完了，话还没说尽，于是我接着又缝了一遍，这回才差不多了。

“你也许会埋怨，针眼儿太密了，缝得太紧了，穿上不舒服，可我想告诉你，这针针线线都是我心里的话啊！鞋子或许小了些，那是因为我们分开的时候，你的脚还没长大呢！

“这双鞋，你可以不穿，但千万别扔了，我并不期盼还能见到你，我只希望这鞋上的话你能看懂。”

众荷喧哗

演诵：胡乐民

众荷喧哗
而你是挨我最近
最静，最最温婉的一朵
要看，就看荷去吧
我就喜欢看你撑着一把碧油伞
从水中升起

我向池心
轻轻扔过去一粒石子
你的脸
便哗然红了起来
惊起的
一只水鸟
如火焰般掠过对岸的柳枝
再靠近一些
只要再靠我近一点
便可听到

水珠在你掌心滴溜溜地转

你是喧哗的荷池中

一朵最最安静的

夕阳

蝉鸣依旧

依旧如你独立众荷中时的寂寂

我走了，走了一半又停住

等你

等你轻声唤我

演诵创作小记

宋代大哲学家周敦颐先生曾说“予独爱莲”因为“莲之出淤泥而不染，濯清涟而不妖，中通外直，不蔓不枝，香远益清，亭亭净植”乃“花之君子者也”。周先生对莲花的美丽高洁的赞赏是以物托情，抒发了自己的人生态度与追求，然而这种追求是孤寂的，没有几人能欣赏，所以发出了“莲之爱，同予者何人”的慨问。这一发问让后世的人争着做君子，抢着爱莲花，无不以“出淤泥而不染”为自己的座右铭，仿佛周先生再也不孤寂了。但，在当世的洛夫先生看来，如今的荷池内外无不拥挤躁动，周先生的那份孤寂仍是孤寂的，因为孤寂才高洁，高洁才孤寂，孤寂是最美的、最可爱的、最难得的。洛夫先生所欣赏的是“挨我最近／最静，最最温婉的一朵”，“你是喧哗的荷池中／一朵最最安静的／夕阳”，虽已是“夕阳”，却一如既往的“寂寂”。他用一粒石子与“她”沟通，“她”的脸“便哗然红了起来”。这说明“她”也懂他，也欣赏他的“寂寂”，否则不会脸红。这样的相互欣赏的互动更加亲近，这样的孤寂更加美好，这样的“爱”比“可远观而不可亵玩”更加幸福。这样的孤寂其实并不“孤寂”，而是一种美好的人生态度与追求。如果洛夫先生也要发问的话，或许会问：“莲中孤寂之爱，同予者何人？”

因为风的缘故

演诵：胡乐民

昨日我沿着河岸

漫步到

芦苇弯腰喝水的地方

顺便请烟囱

在天空为我写一封长长的信

潦是潦草了些

而我的心意

则明亮亦如你窗前的烛光

稍有暧昧之处

势所难免

因为风的缘故

此信你能否看懂并不重要

重要的是

你务必在雏菊尚未全部凋零之前

赶快发怒，或者发笑

赶快从箱子里找出我那件薄衫子

赶快对镜梳你那又黑又柔的妩媚
然后以整生的爱
点燃一盏灯
我是火
随时可能熄灭
因为风的缘故

演诵创作小记

今天是我生日，你打电话说晚上要给我一个惊喜，不过前提是，必须送给你一首诗。这难不倒我，为了你的惊喜我一定要送给你一首最好的诗。不过命题诗并不好写，我要出去走走，找找灵感才行。于是，下班后我步行，沿着我们经常去的那条长满芦苇的小河边往家走，边走边想。其实我有很多的话想对你说，但这些话却不能成诗。想啊想啊，时间不短了，日头偏西，一大片火烧云映得天空火红火红的，这使我想起了我们激情燃烧的岁月那火热的爱情。太好了！我想出了一个很好的句子，对岸木屋里开始生火做饭，烟囱里冒出的炊烟直直地长长地飘向天际。我想到这些年我们的感情是那样的淳朴而坚定，我们的生活是那样简单而幸福。太好了！我又想出了一句好诗，于是拿出纸笔准备记录下来。这时，突然起风了，把大片芦苇吹倒在河面上，把我的衣领吹得倒竖起来。稿纸吹落水中，头发吹得乱七八糟挡住了眼睛，我赶紧背过身，整理了一下衣领和头发，又赶紧蹲下够掉在水中的稿纸，可稿纸已随着水波被风吹向对岸了。我悻悻地站起身，再看天，火烧云散了，天色暗淡了，对岸的炊烟也被刮得像我的头发一样乱。这时诗句也忘了，怎么想也想不起来了，我急得在原地打转，心情变得很糟，骂了一句："都怪你，讨厌的风！"回到家时，天已经黑了，风还在刮，诗却一句也没写出来，我垂头丧气地推开门……"哎，你点蜡烛干吗？怎么不开灯啊？"你并不回答我，伸手递给我一件衣服，是我结婚时穿的礼服。我再仔细看你，你穿上了结婚时的旗袍，还梳了一个公主头，和结婚时一模一样，真漂亮！我兴奋地说："怎么，你给我的惊喜就是像结婚那天晚上一样，咱们俩烛光晚餐？"你微微一笑示意我往桌子上看，"哇！糖醋排骨，锅包肉，都是我最爱吃的你的拿手菜。哈哈！还有我一直盼着的'金门高粱'！"我欣喜若狂，赶忙穿上礼服，做出庄重的样子，拿起酒瓶倒了一杯，你突然发话："诶！别着急，你送我的诗呢？没有诗就不许你喝酒！"我傻了，头上开始冒汗，"啊！诗么……呃……已经写好了，不过我穿着礼服有点热，把窗户打开先透透风，边喝酒我边给你读诗，怎么样？”“哼，你要是没有诗，还要滑头，我可是要生气的哟！”于是你去开窗，我身上的汗更多了，正在束手无策之际，突然，风吹进来把烛火吹灭了，我的灵感一瞬间冒了出来，我端起酒杯一仰而下，大声说道：“亲爱的，我给你读我送给你的诗《因为风的缘故》！”

烟之外

演诵：胡乐民

在涛声中呼唤你的名字而你的名字
已在千帆之外

潮来潮去
左边的鞋印才下午
右边的鞋印已黄昏了
六月原是一本很感伤的书
结局如此之凄美
——落日西沉
我依然凝视
你眼中展示的一片纯白
我跪向你向昨日向那朵美了整个下午的云
海哟，为何在众灯之中
独点亮那一盏茫然

还能抓住什么呢？

你那曾被称为雪的眸子

现有人叫作

烟

演诵创作小记

洛　夫： 这首诗你们读到了什么？

学生甲： 是一首怀乡诗吗？我读到的是您在六月的一个下午散步到海边，被这天色和海浪吸引住了，站在海边，凝视海的尽头，想到了家乡。

洛　夫： 哈哈，站在海角天涯想家？

学生甲： 是的，您在那里沉思了很久，一直没有动地方，当迈出第二步的时候已经是黄昏了，所以说“左边的鞋印才下午 / 右边的鞋印已黄昏了”。

洛　夫： 那我都沉思了些什么呢？

学生乙： 您说“六月原是一本很伤感的书 / 结局如此之凄美 / 落日西沉”，您是为现在离开故乡而感伤，也许想起了曾经一个美好的下午，可能想到了母亲，想到母亲望着您时，那眼中的期盼与希冀。所以是“你眼中的那片纯白”。

学生丙： 您现在回不去了，所以您跪向母亲，您把那天下午对母亲的印象比作“美了整个下午的云”。

学生丁：然后，天色暗了下来，海上的灯塔亮了，您似乎在向大海发问，为什么那指引航程的灯却让我茫然若失，找不到我该去往的方向呢？

洛　夫：不错，最后呢？

学生甲：最后，您想着母亲那圣洁如雪的眼神，再想到自己的现在，您怅然若失，茫然了，母亲的目光在您眼前变成了烟雾。

学生乙：先生，这也是“天涯美学”中的情感展现吧？

洛　夫：你们的解释很有道理。

学生丙：我们的解释对吗？

洛　夫：每个人都可以有自己的解读方式，只要合理并符合诗的内在精神就不会有错。

学生丁：那先生，您给我们讲讲，您当时创作的情景吧。

洛　夫：其实我写的是一个惆怅的青年在海边踱步，他失恋了。

七月的挽歌

——悼抗战阵亡的英灵

演诵：胡乐民

1

在这众星沉落的夜晚
窗外悲风乍起
我搁下手中的一部近代史，仰首，扬眉
倾耳静听汝等出征时沙沙的鞋声
挽歌唱给亡魂
哀伤还诸天地
我临空跃起，抓住时间中的一根长绳
一荡，又荡回战马奔向黄沙的年代

2

那是硝烟与晚云齐飞的年代
那是白骨与铜像等高的年代
那是神谕暧昧，天使断翅的年代
那是魑魅横行，死亡独霸的年代

汝等来了，提着青发的头颅来了
汝等从钢铁中来，向弹雨中去
汝等从烈火中来，向灰烬中去
汝等从泥土中来，向青史中去

3

而那时，我好小好小
就像盘中滚动的一颗青豆
突然我长大了
当卢沟桥的石狮发出一声惊吼

我开始学唱流亡三部曲
开始懂得死，以及如何不死
懂得将一把木刀削尖，懂得
将爱与恨分藏在贴肉的两个口袋

4

几年后我长高了些
而鬼子的大炮长得比我还快
那时，早餐是一锅地瓜稀饭
晚餐则多半是一枚两千磅的炸弹

那时我仍然不够高
墙上贴标还得踮起脚尖
突然一天墙倒了，房屋毁了
我的童年也给炸了一个大坑

5

中国历史是在防空洞里读的
昏黄的油灯不够亮
室外焚城的火光一闪而过
刚好在我的课本上画了一道血痕
不深也不浅
四万万五千万个伤口
隔不多久就要灌一次脓
发一次炎

6

那时

学生在街头唱：

我的家在东北的松花江上……

那时，士兵在战壕唱：

中国不会亡，你看那八百壮士……

群山攘臂奔走呼号

黄河敞开喉咙咆哮

怒目向东，汝等以拔剑的铿锵

回答山顶传下的第一道军令

7

台儿庄，长沙大会战
汝等把双臂和手榴弹一齐扔出
担架抬走一张张须眉不全的脸
月光无言，冷冷照着草丛中的钢盔

汝等走过嗜血的剑刃
汝等攀上历史孤绝的峰顶
相伴的只是千古寂寞
庄严的落日又何需世俗的掌声

8

十面风雨，八年离乱
当烽火在司令台的上空爆燃
全民意志已焊接成一柱擎天的怒拳
高举中国于万劫的血渊

多年的积雪终于化为春水
桃树在江南怀了孕，麦子又回到北方
五十年后当我在灯下细数历史的创痕
窗外风雨正急，谁又将为我们的明日疗伤

这首诗是我读到的悼念抗战英灵的最好的作品（没有之一），句句都带着切肤之痛，句句都结着时代的伤疤，句句都给人无限的遐想与深思。

在诗的第二段，先生仅用了“硝烟与晚云齐飞、白骨与铜像等高、神谕暧昧天使断翅、魑魅横行死亡独霸”四句排比，便把那个恐怖与悲哀的年代展现在我们面前，不由得使我们的脑海中显现出一幅幅令人胆寒的画面，接着又用“汝等来了，提着青发的头颅来了 / 汝等从钢铁中来，向弹雨中去 / 汝等从烈火中来，向灰烬中去 / 汝等从泥土中来，向青史中去”四句，把视死如归前仆后继的英雄形象一个个展现在我们的眼前，这样精彩的句子我从没读过。接着先生讲述自己那被战火逼到生死边缘，必须“懂得死，以及如何不死 / 懂得将一把木刀削尖，懂得 / 将爱与恨分藏在贴肉的两个口袋”的悲哀的童年，以及抗战英雄们的壮举“汝等把双臂和手榴弹一齐扔出／担架抬走一张张须眉不全的脸／月光无言，冷冷照着草丛中的钢盔”，这样的精彩的句子只有神来之笔才能写出。而接下来的几句更加震撼人心：“汝等走过嗜血的剑刃／汝等攀上历史孤绝的峰顶／相伴的只有千古寂寞／庄严的落日又何需世俗的掌声。”至此一座座雕像肃然屹立于我们的面前，让我们起立，用那双刚刚哭过的、燃烧着的、布满血丝的、凝重的眼睛向英雄们致敬。最后全诗结束于沉痛的思考：“五十年后当我在灯下细数历史的创痕／窗外风雨正急，谁又将为我们的明日疗伤。”这一无应答的发问震痛着每一个中国人的心。

我之所以说这是我读过的此类题材中最好的诗作，是因为洛夫先生以含泪带血的笔触构建了一部精彩而凝练的文字“纪录片”，以个人的苦难抒写了民族的悲怆，以英雄的视死如归展现了民族的傲然风骨，以历尽沧桑之后的怅然沉思来抚慰那虽已愈合却常发隐痛的民族历史伤疤，以悼念抗战英灵来歌颂民族的伟大崛起。诗中的每一句都给了我无数的画面，让我沉浸其中，身临其境般地体验着、感受着，深深地思考着那段因悲哀而沉痛、因崛起而骄傲着的历史。

我在创作时情感跌宕起伏，反复咀嚼后一气呵成，畅快淋漓也痛彻心扉。

在这多雨的七月我和先生一起用含泪的诗句和声音编结成一大束鲜花，敬献给那些抗战阵亡的英灵。

附录

洛夫诗论

诗的传承与创新 / 唐诗解构 / 天涯美学

诗的传承与创新

身为一个现代诗人，我经常不可避免地被询及有关古典文学的传承问题，我也曾多次公开讨论到传统与创新之间的辩证关系，也就是古典文学现代化的课题。但是由于这个问题本身相当复杂，容易滋生误会，故近年来内地诗坛某些人士，错将我归类为回归传统的现代诗人，认为我早年对西方现代主义的探索与借鉴，是一种文化上的迷失，于今“回头是岸”，已“幡然悔悟”了，在有关这类问题的论述中，他们往往把我当作一种反面教材。为了匡正这一不负责任的论断，澄清这个误会，我试着做一番较为具体而明确的解释。

首先，对文学传统的继承问题，我有两个固执的看法，那就是，文学传统的薪火之所以能传承不息，绝不在于守成和复旧，而在于创新，如果不以“创新”为主导，则所谓“新古典主义”事实上只是形式上的“假古典主义”。任何旧的事物都会死去，但死去并不代表消灭；死去的是形体，而存在的是一种永恒的生机。一棵树即使活到一千年，总有枯死的一天，但它的种子落在泥土中又会重新冒芽生长，创造出一个新的生命，只是这棵树与前面那棵树已不是同一个生命了。如此新陈代谢，宇宙中一切事物得以生生不息，文学的传承亦复如是。

这个问题的另一关键是，创新不只是改革，不是小脚放大，而必须要脱胎换骨。五四白话运动之前，曾有谭嗣同、黄遵宪等人倡议的“诗界革命”运动，致力于诗体的改革，五四运动后又有刘大白、刘半农等从事新体诗的实验，但结果人死诗亡，对后世毫无影响。诗的形式势必因时空的变迁而有所变，旧的形式日渐僵死，局部手术是难以起死回生的。不过，诗中有其可变和不变的因素，可变的是诗的语言和格律，不变的（或不易变的）是诗的素质——审美的本体。现代诗人扬弃的正是可变的部分，而应继承和进一步探索的则是那些不变的因素。

在台湾，早期的现代诗人为了创新，曾扬言要彻底抛弃传统的包袱，故有“现代诗是横的移植而非纵的继承”之说。他们抛弃的不仅是旧诗的传统，同时也是五四白话诗的传统，因为，白话文学初期所使用的语言浅白而粗糙，白话诗作者大多采用有感必发、有闻必录、不经剪裁、不经意象化的直接表达手法，故当时诗人使用的语言和技巧完全不能满足现代诗人表达上的要求，于是便只好乞灵于西方的现代主义。我个人认为，向西方借火有时是必要的，问题是，诗人不应流连异邦而忘返。一个民族的诗歌必须植根于自己的土壤，接受本国文学传统的滋养，在创新的过程中也就成为一种必要。某个时期，台湾现代诗人曾一度掀起回归传统的热潮，部分诗人为了刻意表示继承古典诗的余韵，凡写景必小桥栏杆，写物必风花雪月，写情则不免伤春悲秋，结果写出来的都是语体的旧诗。因此，当我们思考继承及创造新传统之时，必须具备一种含有历史意识的批判眼光。换句话说，我们必须放弃自我封闭的保守心态，一方面从传统中审慎地选择和摄取有益于创新的基本因素，另一方面也不排斥对世界经典文学的借鉴，尤其应从西方现代主义大师身上吸取新的观念与表现手法。

现代诗人在成熟之前，必然要经历长期而艰辛的探索和学习阶段，古典诗则是探索和学习的主要对象之一。在古典诗中，究竟什么是值得我们传承的呢？根据我个人多年的追求和实验，下列几点也许可以提供参考。

一、人与自然的和谐关系：大体说来，中国古典诗中多半具有浓厚的道家自然主义色彩，故田园诗形成中国古典诗的一大特色，即便是抒情或言志，也都通过由自然景物所组成的意象来表现。古代诗人大多做过官，罢官后又都归隐自然。他们的诗都能呈现一种淡泊与恬静的境界。这显然是他们在诗中表现出一种人与自然的和谐关系。不论诗人还是读者，感受到这种和谐之后，心灵便有了皈依，生命便有了安顿，进而对人生也有了深刻的反思和感悟，因而得以化解生之悲苦。但近代社会由于工业文明的发达，人口密度增加，人际关系复杂，加以人为因素对自然生态的破坏，人与人固然冷漠无情，人与自然更是日趋疏离，因而现代人便陷于一种矛盾、焦虑、迷惘的困境。陶渊明“采菊东篱下，悠然见南山”这两句诗的好处，就是使读者能在自然亲和力的感染下，发现自我的存在。现代诗虽反映了现代人的苦闷和危机，却找不到化解之道。如果现代诗人能从古典诗中找回我们那些失落的东西，重建人与自然的和谐关系，现代诗便会具有哲学的深刻。

二、诗的意象化：中国的诗歌在形式上由四言到五言、七言绝律，在技巧上由浅白而深致，由直达而折射，由写实而象征，这都是文学演进的必然趋势，最显著的则是由平铺直叙的描写，进化到意象的呈现。所谓意象化，就是诗人把情感深刻地渗入事物之中，再通过鲜活而具体的景象表达出来，而这种表达是情与景的融合，故它是综合的、想象的、感性的、意在言外的，其审美效果就在“言近旨远”。换言之，就是以最精简而生动的语言，表达出最丰富而深刻的含义。杜甫精于七律，他的七律都是极其精致的意象化的诗。我认为杜甫的诗之所以能传诵千古，主要靠他经营意象的才识和功力。李商隐师承杜甫，也学到了把感情意象化的本领。“春蚕到死丝方尽，蜡炬成灰泪始干”，这两句诗之妙就在于使激情化为冷峻的意象，使情感有了深度。现代诗虽尚未达到普遍圆熟的程度，但语言的意象化却是一项明显的成就。不可否认，现代诗人一开始是从西方现代主义学到了熔铸意象的方法，却暗含古人经营意象的各种技巧，只是在完整性和准确性上还不如律诗，有待诗人进一步探究。

三、诗的超现实性：诗中最讲究“虚”与“实”的处理，有时“虚”的部分更是诗人想象力飞翔驰骋之处，这就是诗的超现实性。古人强调超以象外，得其寰中，诗的艺术效果就在于抽象与具象的适当调配。诗太落实，便成了散文，庸俗无趣；太空灵又显得虚幻缥缈，流于晦涩。好诗都能在这两者之间取得恰到妙处的平衡。西方超现实主义确曾对台湾的现代诗产生过深远的影响，我经常被评论家定位为中国超现实主义的代表人物。我早期的诗作如《石室之死亡》，的确有反理性、不合逻辑的倾向，但我对超现实主义是有所选择的，我接受它的某些表现手法，却不认同它的“自动语言”。后来我从中国古典诗中，发现许多类似的超现实手法，例如杜甫的《秋兴八首》，李商隐的《锦瑟》，都能达到“使无情世界化为有情世界，使有限经验化为无限经验”的超现实艺术效果，这对我日后的创作颇多启发。我曾写过这样的句子：

清晨，我在森林中
听到树中年轮旋转的声音

这与杜甫“七星在北户，河汉声西流”的诗句，具有同样的超现实艺术效果。西方超现实主义是彻头彻尾反知性的，强调事物之间的矛盾性与不合理性，把两件毫不相干，甚至相克的东西凑合在一块，以期产生一种新的美；至于这种结合能衍生什么含义，却不在乎。不过，我一向认为，诗是一种有意义的美，因此我的超现实观与其说是受到西方“超现实主义”的影响，不如说是受到中国古典诗的启发。我向往的是古典诗中那种“无理而妙”的审美效果，这很接近苏东坡“反常合道”的诗观，“反常”是表面上对现实的扭曲，却能形成诗中的奇趣，造成诗的惊喜效果。但“反常”必须“合道”，即符合我们的内在感应，也就是说，虽出意表之外，却在情理之中。在二十世纪八十年代中期的台湾，我敢说没有一位现代诗人像我那样具有丰盈的古典精神。当时我认为，好的诗歌必然是超越时空的，一个诗人必须具有历史感，诗人唯有通过对古典精神的把握和对古典题材的吸取和消化，才能使读者更清楚地看到历史的真貌。重要的是，我们唯有看清历史，才能深刻地了解我们面对的现实。基于这一认识，我曾一度热衷于从古典诗中寻求灵感，并学习古人的表现手法，也曾运用古典题材，经过加工和消化处理，写过不少现代诗，诸如《李白传奇》《与李贺共饮》《走向王维》等。最著名的则是以现代手法改写白居易的《长恨歌》。我也做过一些将杜甫、李白、王维、李贺、李商隐等的诗句加工改造，做旧诗新铸的实验，例如我把李贺的“石破天惊逗秋雨”一句改写为：

石破

天惊

秋雨吓得骤然凝在半空

有时我甚至也利用《世说新语》中的掌故或庄子的哲学寓言，改写成诗，前者有《猿之哀歌》，后者有《爱的辩证》，这首诗就是从庄子《盗跖篇》的一段话获得灵感：“尾生与女子期于梁下，女子不来，水至不去，抱梁柱而死。”我认为对古典诗的改写，或对古典题材的加工与重铸，绝不是“古诗今译”，而必须是一种新的创造，它不但是现代的，而且是非常具有个性的，其中一定要有他个人的观念，和他独特的美学趣味，否则他充其量只是一个翻译者，而不是诗人。

曾有人问道：“在你与古典诗有关的作品中，为什么多以古代诗人为写作对象？”我的看法是：中国古典诗中蕴含的东方智慧、人文精神、高深的境界，以及中华民族特有的情趣，都是现代诗中较为缺乏的，而我个人所追求的也正是为了弥补这种内在的缺憾。四十岁以前，我很向往李白的儒侠精神、杜甫的宇宙性的孤独感、李贺反抗庸俗文化的气质，但到了晚年，我却转而欣赏王维的恬淡隐退的心境。我发现，现代诗强调知性，直接介入现实人生，这固然有其时代意义，但有时我也觉得现代诗太冷酷，不能与时空保持一种超然的距离。如果以古典诗的表现手法来处理现代生活中的题材，是否可能产生意想不到的艺术效果？这便是我近二十年来所做的实验。我在诗中运用古典题材来表现东方智慧，有人误以为我在“回归传统”。正如前面所说的，这是一种谬断，因为旧的传统是不可能，也没有必要“回归”的，我只是希望回到中国人文精神的本位上来。我所追求的是最现代的，但也是最中国的，继承古典或发扬传统最好的途径就是创新。创新才是我最终的目标，最本质的追求。

唐诗解构

近年来我写了一系列的“古诗新铸”的创新作品，冠以总题“唐诗解构”，乃我个人从事诗歌创作以来另一项突破性的实验工程，一种谋求对古典诗中神韵之释放的企图。我不是恋旧，更无意复古，而是希望从旧的东西里寻找新的美，发掘所谓“意在言外”的“意”中潜在的诗质。无疑的，这是一种对旧体诗的重新诠释和再创造，一种试以现代语言表述方式、全新的意象与节奏，来唤醒、擦亮、激活那曾被胡适等人蔑视、摧毁、埋葬的旧传统，并赋予新的艺术生命。这种思考与做法也很可能被视为一种徒劳，不过我相信，这是翻新传统、建构中华新文化的一项值得一试的工作。

幼年启蒙之初，我曾读过三年私塾，无非《三字经》《幼学琼林》《唐诗三百首》之类，入新式小学、初中时开始读《西游记》《七侠五义》《水浒传》《三国演义》等章回小说，从此奠定了我粗浅的传统文化的根基。念高中时心智日渐成熟，对新文学产生了兴趣，并学写新诗，但仍未忘情于古典文学中那种内敛蕴藉、简洁练达之美。来台后受到西潮影响，开始全方位地向西方现代主义倾斜，初期不自觉地与当时一帮年轻诗人高分贝地叫喊反传统，乃至多年后，自小潜伏在血脉中的古典文学因素，似乎在一夜之间突然苏醒，并清楚意识到，文学的正常生成与茁壮，不仅需要外来新兴美学思潮的挹注，同时也需要重新评估传统文化的价值，并发掘、摄取古典文学中那种万古常新、不可取代的优质元素。这时我已接近中年，一方面从旧文学中汲取创作所需的养分，再一方面使其与富于现代性的创作进行有机性的融会。其实在这方面，我已投注不少的心血，做了大量的工作，这在我中期的作品中当可窥其端倪。然而环顾今天年轻诗人的走向，发现更趋极端，语言过度西化这且不说，对古典文学嗤之以鼻，对唐诗不屑一顾，尤令识者侧目。感叹之余，我便想到利用诗体解构这一招，或许能引起年轻诗人的注意而逐渐接近唐诗、喜爱唐诗。

中国诗史数千年，为何我独钟于唐呢？我毕其一生以追求诗的现代化，创造现代化的中国诗为职志，多年前我在《建立大中国诗观的沉思》一文中曾说："我们要创造的现代诗不只是新文学史上一个阶段性的名词，而是以现代为貌，以中国为神的诗。"我认为这个"中国之神"就深藏于唐诗中，而唐诗中的神奇、神性、神韵却长期封闭在僵化的格律中，"解构"的作为就是对唐诗中"神"的释放，也可说是一种变形的重生。所谓"解构"，原滥觞于后现代主义。关于后现代思潮，有人认为：所有文化体系都应加以怀疑，都可以被解构。也就是说，文化符号之间既有的关系都可以使其分解裂变，从而使我们对文化符号意义的理解和它的价值产生怀疑。这种解构观念显然有些消极，却是人类文化演进的必然过程。不过如从另一角度来看，人类历史文化的演进其实就是一种不断被解构、又不断被重建的过程。就文学史的演变而言，这就是传承与创新的意义。

关于对古典诗的传承，当然不在于它的格律形式，我认为要者有二，一是重新认识和建立人与自然的和谐关系。今天我们面临最严重的生态问题，现代科技文明正在不断地大规模污染自然、破坏生态，人与自然形成一种敌对关系，我们不妨回顾一下古人反映在诗歌中的人与自然的关系，大体说来，中国古典诗中大多有道家自然主义的色彩，田园诗在古典诗中占有很大的比例，而这类诗都表现出一种淡泊宁静的境界，一种人与自然亲密和谐的关系，试以王维的《竹里馆》为例。诗人闲坐在竹林里，又弹琴，又长啸，独自享受那份孤寂与幽静之美，此时竹林里别无他人，只有月亮这位千古做伴的亲密朋友。这首诗充满了禅意，说明王维的生命既丰富，洋溢着自在的喜悦与生趣，然而他又活在一片空寂中。我把这首诗的趣味与禅意加以延伸拓展，以现代的意象语言重新建构成一种全新的现代诗体。

我们再看孟浩然这首《宿建德江》：傍晚，诗人乘坐的小舟停泊在烟雾朦胧的江边，暮霭中引起一阵因孤寂而生发的愁绪，与他为伴的不是家人和朋友，而能与他对谈解愁的是水，是水中的月亮。这首诗的主体意象是水和月，诗眼是一个“愁”字，所以我特意在解构新作中加上“远处的箫声”这一情节。

对古典诗传承的另外一项，乃在如何寻回那失落已久的古典诗意象的永恒之美，且看李白这首《黄鹤楼送孟浩然之广陵》，不但富于想象空间，境界开阔而情意真切，且由于成功地捕捉到景物之神，经营出空灵的意象，完成了一种超越时空、万古常新之美的创造。这首诗的空间处理得极好，李白采用电影的蒙太奇手法，尤其后两句的意象就像电影镜头一格格地推进：孤帆载着老友远去，渐渐没入杳不可见的天际，眼中只见浩浩的江水，胸中却激荡着悠悠不尽的离愁。

当然，新作与原作本是两个完全不同的文本，解构之后的新作可能失去原作中的某些东西，但也可能添增了一些原作中所没有而又必需的东西，比如新作中凭空多出“一只小小水鸟横空飞去”这一镜头，意在反衬原作中“孤帆远影碧空尽”这个意象的孤独感与寥廓形象。又如新作的最后三行，看似蛇足，但这种对两位老友在江边话别时情景的描述，该是一种合情合理的想象，同时也增加了一些令人莞尔的诙谐。

《唐诗解构》中选的第一首诗是陈子昂的《登幽州台歌》，这首诗意象简明，情致哀怆，透过时间的表述，诉说他怀才不遇、理想破灭后的悲情。前两行俯仰古今，表示岁月悠长久远，第三行写登楼望远，感受空间的辽阔无垠，第四行描绘诗人孤苦无依，以致怆然落泪。这首诗的词语平淡无奇，直抒胸臆，而能成为千古绝唱，其艺术感染力主要出于一个强烈的对比，即一个遭遇困厄的渺小个人与悠悠天地、茫茫宇宙之间的矛盾冲突而引发的张力。

这点正是我解构与重整这首诗的要点。

解构一首诗虽意味着一首诗的再创，但这种再创并非对原作的全部否定，其整体结构是崩塌了，而其中的“神”

却可以通过这特别的指涉和暗示所形成的另一种有机形体呈现出来，试以李白的《月下独酌》与李商隐的《登乐游原》二诗为例，以说明解构后的特色。

月下独酌

花间一壶酒，独酌无相亲。

举杯邀明月，对影成三人。

月既不解饮，影徒随我身。

暂伴月将影，行乐须及春。

我歌月徘徊，我舞影零乱。

醒时同交欢，醉后各分散。

永结无情游，相期邈云汉。

这首诗的主体意象是“月”，我以夸张手法把月亮写得无所不在：天上，地面，花间，窗前，酒壶，酒杯，甚至穿的袍服，将月亮扩大为无限时空的象征，又浓缩成生命无常所引发的千古愁绪。此时诗人月下独饮，独唱，独舞，独醉，一室清辉，满身孤寒，饮者与月共舞，下酒物是墙壁上自己零乱的影子。就这样，我（诗人），月光，影子，三者融合，浑然一体。此诗写出了亘古的寂寞，一种绝世之美，解构之作无意踵事增华，它是在原作的基础下发展为另外一个文本，一种全新的诠释，丰富了、也延展了原作的艺术生命。

其次且看李商隐的《登乐游原》：

向晚意不适，驱车登古原。
夕阳无限好，只是近黄昏。

这首五言绝句是李商隐的生活小品，语言浅白，言说方式也不如他其他作品的深情温婉，唯第三、第四句具有一种透彻深沉的人生感悟，遂成了千古吟唱的好诗。在强烈的暗示下，我已看出了这首诗之所以后世广为传诵，主要是诗中暗含“美”与“死亡”的潜意旨，两者之间形成了一种微妙的张力。再说，这首诗也隐藏有难以言宣的哀愁，作者仅以“向晚意不适”五字概括，言有尽而意无穷的“意”何在？我在解构新作中只狗尾续貂了两行：“待月待醉待紧握怒拳待冷水浇头／他心事重重。”至于是什么心事，点到为止，不能多说了，多说就破坏了李商隐诗意一贯的蕴藉了。

《唐诗解构》这个集子里我只选了五十首，都是好懂易解、我个人最爱而大家也耳熟能详的诗，均为名家名作，诸如李白、杜甫、王维、孟浩然、李商隐等大师的作品。这批解构新作我花了近两年时间始告完成，这是我个人风格和审美意识较强的解读，也是我的创作，其创作过程跟一般作品不大一样。写一般作品主要起兴于灵感，在技术层面上，有选择题材、寻找语言和经营意象的要求，而解构唐诗除了原作既有的题材无需另作选择之外，其他有关语构与意象的创作也很重要。解构新作既不可与原作靠得太近，太近则成了古诗今译，但也不宜过于疏离，离远了就失去了解构的意义，因此如何拿捏好分寸便形成了最大的挑战。

我并不冀望这项实验工程能给当代诗坛或后世带来怎样的影响，但我仍未忘记我从事这项工程的初衷——一则借以唤醒新世纪甫出道的年轻人对传统文化与古典诗的再认识、对其艺术价值的重估；再则，更为重要的是，在通过历代各种不同的解读、诠释、评析（当然也包括这次的《唐诗解构》），使古典诗的艺术生命得以持续成长，不断丰富，以证明诗艺术的超越性和永恒性。

2014 年 5 月脱稿于温哥华

天涯美学

“天涯美学”是我于新世纪交替前后数年来一直在探索和思考的一种新的美学概念。身为一位海外华语诗歌的创作者，在深厚的本土文化和异域的多元文化相互交错进而融会的特殊情境中，我深深意识到，一种更为广阔的具有超越性的诗思，已日渐成为一个海外华语诗人不可或缺的追求。

基于现实的压力和个人理想的实践，我于一九九六年移居加拿大，我把这段人生旅程称之为“二度流放”。初抵异国，虽曾自作潇洒地说过，“对我来说，移民只不过是换了一间书房”，但实际上思想与精神双重的变化，使我无可逃避地处于一种时而尴尬、时而迷惘、时而信心饱满、时而又空虚无依的境地。有时黄昏外出散步，在北美辽阔幽渺的秋空下，独立苍茫，不由内心生出两种既矛盾而又契合的心境。一是孤绝感，一种个人身份的迷失，有着不知是“今夜酒醒何处”的茫然，还是所谓“天人合一”这一哲学概念的真实体验，亦即，人在大寂寞、孤独无依的困境中，反而更能体会到人与大自然，个体生命与浩浩宇宙之间的和谐关系。但，这些毕竟只是我客居异乡初期的情结，而把这种情结转化为一种形而上的、有助于诗歌创作的美学观念，则始于新旧世纪交替的2000年，这一年我决心摒除一切世俗杂务，全心投入长诗《漂木》的创作。当然，如要写一首数千行的长诗，一不在表现以某种意识形态为主题的所谓政治抒情，二不在以叙事手法说一个通俗故事，而仅靠那种渺不可及、无法掌控的灵感神思若隐若现地穿梭于篇章之间，这绝对成不了事的。因此，建立一个特殊的、超越个人的象征系统与美学思想，作为建构这首长诗潜在的精神内核，便成为一种必要。这一象征系统便是《漂木》中的漂木、鲑鱼、浮瓶中的书札、废墟等，而美学思想便是“天涯美学”。

“天涯美学”这一概念的生发，主要源于我在晚年客居异域，二度流放经历所引起的深层次的漂泊流离的心结。表达这种心结的诗歌，最初我称之为“天涯诗歌”（当然也可称为“天涯文学”）。我认为，没有任何一个名词比“天涯诗歌”更能表现海外诗人那种既凄凉的流放心境，而又哀丽的浪子情怀。广义言之，每一位诗人本质上都是一个精神上的浪子。“飘飘何所似，天地一沙鸥”，杜甫以漂泊天涯的沙鸥自况，我想他是最能体会这种心境和情感的。中国文学史上最早感受到肉体与精神双重放逐压力的大诗人首推屈原，然后是苏东坡。屈原三度被楚怀王放逐湘南一带，结果他将满腹的郁积与悲愤化为像《离骚》这样的千古奇文。苏东坡在政坛上连翻几个跟斗，历尽沧桑后反而变得气度更为恢宏，对生命与艺术的体验更为深刻，而终于成就他为一代千古风流人物。

我所谓的“天涯”，其实不只是指“海外”，也不只是指“世界”，它不仅是空间的含义，也是时间的，更是精神和心灵上的。一个诗人身处海外，骤然割断了与血缘母体和文化母体的脐带，如果仅有择地而居的寓公心态，缺乏一种大寂寞大失落的飘零感受，他只能写出一般无关痛痒的泛泛之作。难怪某些从事海外华文文学的评论家与学者都有一种成见，认为海外华文作家的创作虽有成就，但鲜有可以传之久远的伟大作品。这种评论是否属实，目前尚难判断，但海外华文作家不能不有这种追求的自我期许。然而，什么是“伟大”的作品？据我浅见，伟大作品通常都具备两项因素：一是悲剧精神，它是个人悲剧经验与民族集体悲剧精神的结合。悲剧经验，人所难免，包括肉身生命的伤残与死亡、情感的挫败与失落、生活的困厄与匮乏、骨肉亲友的生离死别，但对一个长年过着漂泊生活的海外作家和诗人而言，更有一种难言的隐痛，一种极大的精神压力，这就是在人生坐标上找不到个人的位置而产生的孤独感，一种宇宙性的大寂寞。当然，某些个性豁达者，兴许把这种孤独感美化为浪漫的游子情绪，孤独反而成了作家诗人的精神食粮。

悲剧精神有时也可轻松地说成一种愁苦，一种压抑，一种悔恨，不过我所谓的悲剧精神，被我纳入“天涯美学”而成为其重要内容之一的悲剧精神，是超越这一切的，是一种形而上的、深刻地观照生命的哲思，也是一种近乎神性的宗教的悲悯情怀，它可以通过各种文学形式说出这个世界的荒谬和虚妄。不管我们是否感知到，“成，住，坏，空”都无时无刻不在我们周遭不断上演，历时的也是共时的，我们只有无奈地看着它发生。老子说：“天地不仁，以万物为刍狗。”上苍又何尝不也在默默地看着，以冷脸面对着众生的呼救。“存在”与“死亡”是现代文学两个最重大的主题，庄子指出：“人生天地之间若白驹之过隙，忽然而已……已化而生，又化而死，生物哀之，人类悲之。”（《庄子·知北游》）死亡说明了这一个体生命的终极有限性，这迫使庄子不得不面对严肃的问题：生命的意义和价值何在？文学的最高意义不就是对生命终极价值的探寻吗？而一位严肃作家诗人所追求的也就在以这种对生命终极价值的探寻，来抗拒死亡的终极有限性。

伟大作品的另一项因素是宇宙境界。诗人都具有超越时空的想象力，故诗人往往能摆脱狭隘的民族主义和本土意识的羁绊，直游太虚，也如庄子所谓“独与天地精神往来而不傲倪于万物”，人在天涯之外，心在六合之内，可以说，诗人即是一个抱着梦幻飞行的宇宙游客。

以上列举的“悲剧精神”与“宇宙境界”不单是建构一个伟大作品的重要条件，其实也是“天涯美学”的主要内涵，当然，我在此并无意说，凡具有“天涯美学”内涵的作品即等同于伟大的作品。不过，伟大作品也好，以“天涯美学”为内涵的作品也罢，二者不可或缺的另一项本质因素是民族文化。“二战”期间，德国作家托玛斯·曼流亡美国，有一次记者问他对于流亡生活有何感想，他理直气壮地答道：“我托玛斯·曼在哪里，德国便在哪里。”身为一位客居异乡、自称“二度流放”的诗人，我对托玛斯·曼的豪语有着强烈的同感。临老去国，远走天涯，我虽割断了两岸地缘和政治的过去，却割不断养我育我，塑造我的人格，淬炼我的精神和智慧，培养我的人文素质与尊严的中国历史与文化。对我是如此，我深信对所有的海外华文诗人无不如此，不论他立身何处，生活形式起了多大的变化，他如冀望写出质优而又能传之久远的作品，必然得靠一个庞大而深厚的文化传统在背后支撑着。

初临异域的华文诗人都不免要面对一个深沉的困惑，这就是在当地不同民族的多元文化的冲突与交融中，如何找到自我的定位和中西文化的平衡点。文化是文学的土壤，海外华文文学（诗歌）的特性就在这种复杂的故园与新土、原民族性与当地本土性的交错、冲突与融会中突现出来。所以说，语言符号只是华文文学的外在形态，文化才是它更沉潜更深刻的精神内核。人在海外，由于文化身份的焦虑，我经常处在既尴尬而又暧昧的时空中，唯独的好处是我能完全掌控个人的自由的心灵空间，而充实这心灵空间的，正是那在我血脉中流转不息的中国文化。

其实对一个海外作家或诗人来说，初期的异国生活对他的创作绝对有益。新的人生经验，新的生活刺激，新的苦闷与挑战，都有助于他的作品丰富多彩，表现出多层次的生命内涵。海外作家或诗人还有一项优势，这就是在放弃了政治身份而持续保有文化身份的情况下，他可以毫无疑虑地采取一种超越狭隘民族主义的立场，如此才不致仄化自己的胸襟，僵化自己的思想。他再也不需要思想与精神领导，也不需跟着某个主旋律放歌，随着某种意识形态的指挥棒起舞。他可以发展更独立、更自由、更广阔、更多元的创作路向和风格，而把个人情感、世界眼光、宇宙胸怀凝聚为一股新的创作力量，使作品的实质内涵提到一个新的高度——既具有反映现实的时代性，也有富于特殊情趣的民族性，以及拥抱大我、高瞻远瞩的世界性。对一位海外作家来说，其实文学的民族性和世界性并不冲突，而且可以互补，因为世界性是民族性的扩大与延伸。

2006 年 9 月于温哥华

怆然踏尽天涯雪，欣然回目望吾乡

悼念洛夫

洛夫先生去世了，对于我而言，有太多的难以用言语表达的情思，我揩去眼边两行清泪，却难以拭去心中的滂沱大雨。虽然我与先生的相识相知是很短暂的，但在冥冥中，这份情缘又是说不尽的，我相信人间的纯情与精神是不会熄灭的，先生耄耋之年回眸望乡时，在大雪弥漫的天涯望见了一位上下求索彳亍着的青年，当四目相对之时，那青年喜极而泣，先生伸出接引的双手，拭去了青年的泪水，顿时一股暖流涌入青年的体内，随后先生的一头白发隐没在雪雾之中。先生走了，带着期望欢喜地走了。

2018年3月3日，我来到台北，在家中与先生相聚，当我走进先生的家门时，扑面而来的是一种团聚的氛围，此刻我已不是客人，而是家人："爷爷您好吗？""我还好！"四手相握、四目相对后，一个亲密无间的拥抱把一切寒暄扫尽。奶奶把特地为我新煮好的土豆炖牛肉端上餐桌，我们畅谈起来。"爷爷咳嗽了一夜，若不是你来，他一点精神也没有。"奶奶说。我看着先生略带浮肿的脸庞，说道："爷爷的气色不错，比上次见面时好多了。"此话虽增添了很多喜悦的气氛，但并没有增进我们的食欲，面对着一桌子香气满溢的饭菜，我们谁也没有多吃。先生吸了一会儿氧，姑姑莫非来接我们去参加先生新版诗集《昨日之蛇》的发布会，发布会座无虚席，气氛热烈，在几十平米的空间内五十多人的热量，把有限的氧气几乎耗尽，我颇有些担心先生的身体，但看到先生近来少有的喜悦之色，也就按下不说。我知道，先生不愿让大家看到他身体的脆弱，而且为了大家的热情，他一定会坚持到给每一位朋友签名合影后才离开。老人家这一点也需要我们年轻人学习。我静静地坐在先生身旁，感受着我们还没有意识到的他最后的高贵的温度。将近三小时的热烈将尽，他才在众人竞相搀扶之下回到车里，一路上他痛苦地吸着氧气，却还在和奶奶商量着第二天中午请我吃饭的事宜，我推辞不过，只能应允。次日午间，在餐厅见面时，先生又是一夜未眠，咳嗽不止，饭后先生回家休息到下午五点，起来后为我录制《洛夫诗歌演诵集》发布会的祝贺视频，在思索片刻后，开口说道："可以了，录吧！大家好，我叫洛夫……"这开口的第一句话却给了我极大的震撼，作为华语诗坛的泰斗，谁人不识洛夫呢？换作他人，大概都会说"我是谁谁谁"，但先生用"我叫……"来跟大家打招呼，这"是"与"叫"的区别，想必大家也知道，先生没有高高在上，而是把自己的身段放得很低。这中无欲无求、纯粹自然的品格绝不是生命最后的姿态，而是一生修养的体现。随后，他说道："这本书中所选的诗作都是经胡乐民同意的、也是我喜欢的作品，我们二人的生命距离很长，但我们对时代和历史的认识很接近，我们的合作是文学的传承也是历史的传承。"先生话虽不多，但是字字点睛。录制结束后，我久久无言，不知用什么样的语言表达我的感恩之情。先生说多坐一会儿别着急走，奶奶也说："你这次来，他特别高兴，多待一会儿，陪他聊聊天，他状态会很好。"盛情难却，我们一直聊到了晚上九点半。在分别时，我再次和先生拥抱，并说四月份再来看他，先生目视着我走出门外，奶奶则把我送进电梯。我们亲密地告别了，回来的路上，我的泪水不知不觉中被风吹干了。临别时，我不敢表露出任何不舍的神情，我生怕会给先生带去伤感和不安，我只能在内心里默默地发愿："爷爷您一定要等我再来看您！"

十天后，也就是3月17日，《洛夫诗歌演诵集》全国首发式在先生的故乡衡阳隆重举办，在图书大厦一层大厅坐满了先生的好友和粉丝，先生的好友著名作家甘建华先生全程主持操办，市委、作协的相关领导纷纷上台发言祝贺；而此时，先生已经住进了台北医院的特护病房。会后，我把发布会成功举办的相关事宜告知了先生的儿子莫凡叔叔，叔叔非常高兴，并在探视时告知了先生。莫凡叔叔说："爷爷都听到了，他很高兴，对你表示感激。"我再次心泪滂沱。两天后，也就是3月19日，我还没有来得及办理再次入台的签证，早晨7点的时候，莫凡叔叔打来电话告诉我，爷爷已在凌晨三点走了，我一下子怔住了，久久未言。妻子问我怎么了，我淡淡地说道："爷爷走了！"随后抑制不住泪水簌簌而下，我对妻子说道："爷爷九十仙逝，是喜丧，但念及对我的恩情，我痛苦至极！"

回想在台北家中，先生说我们若早些相识该会有更多的碰撞与合作，而如今他已是人生暮年，他为此深表遗憾。我说：“如果早些认识您，凭我前几年对诗歌的认知，是无法与您对话的，您绝不会喜欢我，如今我成了您的知音，是命运最好的安排。”先生笑了。

今晚我坐在灯下，回忆着我和先生可贵的短暂交往中的点点滴滴，去年 5 月间我们在微信中的文字交流，先生一次次地手写回信拍照片发给我，现在都成了我的珍藏，我把这些文字图片视为我一生的无价之宝。先生一生中墨宝甚多，但这些手写回信尤为珍贵。当初先生在灯下为我回信，那一头白发在灯光的映照中明亮耀眼，而今不满一年我却在灯下写着悼念先生的文字，满眼泪光把灯光都刺痛了。文章写到此刻，回想起去年 5 月 10 日凌晨写给先生的回信，我又阅读了一遍，想起我的儿子于去年 5 月 23 日凌晨出生，10 日那天他还在强烈地胎动，生命的流转竟是那样的神奇，我决定把这篇回信附在下面，把先生离世的哀伤转为生命轮回的喜悦。

故乡啊 莲花

那青泥的梦

童年啊 莲子

那热血的源
无数次梦中回返
我抓起一把青泥捏成你
醒后枕边的泪迹尚温
穿越的幸福原来是醒后的痛楚
在须发初银的第一天
热血仍沸
莲子以开花的形式
敬献轮回

故乡啊
一个爱做梦的游子
手握青泥
常在想你

童年啊
一个银了发的青年
手捧莲花
把你思念

这首小诗是我读到洛夫先生少年时代的笔名为“野

叟”之后的感悟，先生为何在年少时取这样一个老气横秋的笔名呢？我想，对沧桑的向往也是一种大浪漫啊！我是有同感的，自小就经常站在茫然中举手乱抓，想把流走的时间抓住，所有人都觉得奇怪，包括我自己。明明知道时间是抓不住的，但总要试一试，并感觉到，从指尖划过的那一缕清风便是时间。于是我开始做梦，梦见自己已是一位老人，在一片浓雾弥漫的时空中怅然伫立，那种眼神透露出一种无尽的惆怅，似乎在寻找，似乎又在凝视。寻找时间，凝视自己。这梦境中的老人就是一位“野叟”，就是我自己，自己的一种向往。所以“野叟”这个名字让我反复咀嚼，回望自己。此后，无论读先生的哪一首诗，脑海里总会出现梦境中的形象，先生诗作的创作风格和表现形式丰富多彩，无论抒情诗、哲理诗、政论诗、叙事诗和古诗解构诗等都出现了广为流传的代表作，并创建了“天涯美学”。有人说，洛夫先生所创建的“天涯美学”，经过几十年的经营，已成为一个独特而完整的诗学体系，不仅是对经典诗学的传承，也是个人天才充分发挥的必然结果。在我看来，这些成就在冥冥中都与“野叟”的浪漫向往有着千丝万缕的联系。

从与先生相识，到阅读先生的作品全集，先生那温和宽厚的眼神与诗中堆积的精致与纯度，让我仿佛穿越了时空、超越了年龄，在心中的“天涯”里望见了正在回眸望乡的“野叟”，我大声地喊道：“老人家，久违了！”

读先生的乡愁诗，让我一次次地回望故乡、回首童年，我的故乡是北京，而现在的北京已经发生了翻天覆地的变化，童年时代如天堂般只能在我的心中、梦里了，在想回也回不去的记忆里，有疼爱我的爷爷奶奶、父母亲人，那时他们还年轻康健，那时还有在家中等我玩耍的小狗，还有为我们遮风挡雨的大杨树和雨后泥地里等我去挖的小石子，还有放学扔下书包就看的《葫芦兄弟》，以及奶奶做好摆在桌子上的无与伦比的炖牛肉……一切的一切都随着头上再也拔不去的“银丝”匆匆流去，越回忆越心酸，越幸福越痛楚。

时间本来就是一道伤口，越流失伤口越大，人世的沧桑把那朴素的童年和故乡幻化成一朵纯洁无暇的莲花，满腔燃烧着热血的小小少年是一颗莲子，青青的、赤赤的。当有一天那少年在镜子里偶然发现黑发中银光一闪，他不禁黯然神伤，愤然拔去了那根银丝，可银丝在之后短暂的日子里成倍数地出现，少年在恍惚间变成了青年。幸好，时间消磨着一切，却不能磨灭他的心，热血依旧沸腾。只是时间的“伤口”很疼，且越来越疼！。

先生的诗对于我的“伤口”无疑是一把盐，调动起我所有的神经，让我在疼痛难忍中又酣畅淋漓，我沉浸在这疼痛的大喜悦中。不久，伤口似乎在疼痛中慢慢愈合了，原来，这把“诗盐”是可以疗伤的！

先生似乎是我的千古知音中离我最近的一个，于是在我的生命中有了大欢喜。

当我读到洛夫先生作品时，每一篇都给予我心灵的撞击、人生的悲悯，怆然又炽热，他在经历战乱、离乡、“自我流放”、亲人离世等人生沧桑之后，那颗游子的炽烈之心并没有消沉，却又徘徊在虚无与存在之间。有一天他在苍茫中回目，望见故乡那一片绿茵中独立一朵莲花手捧莲子在凝望他，他便不再孤独，他用那支精制的狼毫再一次挥洒出故乡泥土的清香与祖先夜夜豪饮的醇芳。

诗也许是无用的，但它可以让你看到自己的灵魂，诗是一面镜子，它可以把你照得双目尽赤、血脉偾张，它可以让你咯出那致命的毒血，它可以为你洗心革肺、通透灵魂。诗人就是为你疗伤的天使。

读先生的文字，你似乎可以看到一位笔名叫“野叟”的纯稚少年手捧一本诗集在寒窗下研读时的背影，你也能看到一位素衣青年撑着油纸伞在田埂间冒雨前行的脚印；还能看到一张深情又渴望地对着心中女神的羞颜；还能看到在大风中挣扎着睁开的、寻乡的、忍住不哭的却又湿润的双眼；你更能看到，一位温厚的老人在秋日午后的落叶林中默默彳亍，他彳亍到芦苇弯腰喝水的地方，请烟囱为他写一封长长的信，寄给他心爱的、思念的、想忘也忘不了的、无论梦与醒苦与乐都放不下的那个情之所依、魂之所住的老屋。

当他从李贺的长安古城走向王维的终南别业后，就像掌中那一颗溜走的沙粒，超越了命定的存在，安然在一片虚无里；然而，王维仍然活在世间，虚无并未超脱轮回，此时心河开始回流，那漂了一个世纪的木头，在回流的生命之水中开始生出新芽。他获得了新生。于是那支狼毫又开始在清水中“洗澡”了，砚台早已口渴难耐了，宣纸伸着懒腰准备“起床”了，墨汁也准备酝酿一场“大雨”了，而此时的我，和妻子也在等待着孕儿的出生了。

先生！还乡的脚步近了，一个新的轮回开始了！您看，我准备出生的孩子正在母亲的腹中强烈地胎动！

胡乐民写于 2018 年 3 月 30 日凌晨

后记：书伴诵声满心香

千言难以话春秋，
一朝得来万功筹。
若望凌云登高境，
还需更上几层楼。

时间至此，所有的作品全部创作完成了。我觉得这本书应该算是我自学习艺术并从事朗诵创作至今的一个总结，那应该是从小学五年级开始算起，说起来应该有二十四年了。

小学五年级的时候有一天我在父亲

的抽屉里翻出了一盘现代京剧《智取威虎山》的磁带，从那时起我便开始自学京剧，初中毕业后考入了影视表演的艺校，正式接受戏剧影视表演艺术教育，与此同时开始学习声乐、武术和书法，也开始学习古诗词的朗诵，考入北京电影学院表演系后除了四门功课（表演、台词、声乐、形体）之外，我还给自己加了一门自修的课程，就是朗诵。那时的自学方法是以模仿为主的，我几乎把能找到的所有名家的录音全都找到了，按照自己喜欢的作品一字一句地模仿，就像小时候自学京剧一样，这个方法对我很有效，但如果仅仅模仿没有消化就永远找不到自己。这个消化的方法就是阅读，读与作品相关的资料，那时开始才真正意识到读书的重要性，便一发不可收拾，上课之余就是读书。毕业后我又考入中国音乐学院开始学习声乐，声乐的学习对朗诵的帮助太大了，不仅提高了声音的表现力，也提高了我的音乐修养，这些都对提高我的语言审美能力给予了很大帮助。我还阅读了大量音乐文献，现在看来这些学习都为我日后走上朗诵艺术道路注入了极大的养分，更为我探索演诵艺术打下了坚实的基础。

直到现在，专业训练和读书已成为我生活中不可分割的一部分。我几乎每天都要保持一个小时的练声、一个小时的阅读，文、史、哲、艺是主要的阅读范围，阅读几乎把生活的空余时间都填满了。

说到读书有时候也很惭愧，我爱读书更爱买书，每周要去一到两次书店，到各地演出时总要把多余的时间拿出来去逛书店，然而读书的速度赶不上买书的速度，书越买越多，读书的压力也越来越大，经常站在书架前发愁，什么时候才能读完这些书啊！很多朋友都以为我很有文化，但其实我只读了我书房里所有藏书的五分之一。有人说你可以去图书馆借书为什么非要买呢？我的回答是：借书是要还的，而买书可以供我随时翻阅，很多书是作为资料书和工具书来用的。

读书不多，又不求甚解，却被看作很有文化且洋洋得意是很无耻的事情，因为我有太多的书没读过，所以我从未敢洋洋得意，我只是爱书，常以读书爱好者自居，但我坚信一点：书是养人的。如果你能把书的香味当成世上最美好的味道，那么你已经得到了书的滋养。

有一次我把一本新书揣在怀里，朋友问我身上是什么味道，我有些紧张，以为身上有异味让他反感，没想到他却说：你身上有书的香味儿。我愣了一下，顿时有了一种找到知音的感觉，我兴奋地说：哈哈，你是一个懂我的人。那个朋友说他每天都浸泡在书香中，因为他在书店上班，在大笑之余我为他而感到幸福。

很多人没读过什么书却能写书，我非常佩服；很多人读了很多书，却一字不写，我也很佩服；还有那些读了很多书也写了很多书的人，我更是佩服得五体投地。而像我这种读的书不多却还想写一写的，却是落于俗套不值一提的。

最初我对自己的文字很不满意，甚至感到恐慌，担心自己的文字会破坏书的价值，但是洛夫先生对我的支持和肯定给了我极大的勇气和信心，为了不辜负先生和业内恩师们所寄予的厚望，我努力地学习、总结，谨慎动笔且反复修改，虽至黔驴技穷，但也问心无愧。

不读书就不可能对文字有太深的认识，尤其是诗歌，更不可能提出演诵的概念，对于演诵这个概念和呈现形式，我从来没有纠结过，因为目的不在于演诵，而在于更好地呈现诗歌本身，只要我的方法有助于有声语言更好地表现诗歌，那么任何形式都可以。让我纠结的反倒是没有突破，找不到更好的表达方式来表达我想要表达的东西。尤其是看到很多人把诗歌不当回事，拿过来就读而且还能得到赞许，我就很难过，很多人把朗诵艺术看得很浅薄，认为这是张嘴就来的事，我就更难过。因为我越读书越觉得我似乎什么都不懂，越觉得朗诵艺术太难，越觉得“演诵”探索得还很不够，越觉得自己表现艺术呈现境界太低。我觉得自己学得太少了，应该多学，在学习和实践的过程中，美术家、先锋派朗诵家姬国胜老师说过一句话：“不要怕题目设得太大，这辈子研究不完下辈子研究。”这句话永远支持我勇敢地走下去。朗诵家詹泽老师说：“就是拿最后一名你也要坚持自己的风格。”这句话坚定了我的信念。朗诵家徐涛老师又不断地提醒我：“不要走得太远，太远就会走偏。”这句话永远提醒我保持清醒状态，不要为了标新立异而丢了根基。朗诵家虹云老师说：“一定要多读书，对所创作的文本有深层的理解。”这句话要求我永远以书为伴。更有朗诵家瞿弦和先生的反复提醒：“任何创作与创新都要有合理的依据，不能空穴来风，且业精于勤，要不断学习提高。”这句话更是给了我一个创作的原则，让我更加严谨地对待每一次创作。还有很多老师都曾给予过无私的帮助和指导。老师们的谆谆教诲无不支持我把“演诵”探索下去。

这次和洛夫先生的合作，从 2017 年 4 月 15 日一直到 9 月 15 日，历时整整五个月，回想这五个月的创作过程，我有一种强烈的生命体验感，可以说是一次新的诞生的过程。这本书不仅是一本有声读物，更是一本有血、有肉、有魂的生命读物，如果读者能够感受到，那将是我再荣幸不过的事情了。

零零碎碎地说了这么多，只是想表达一点，就是通过我对朗诵的认知及对演诵的创造，更深刻地认识到想要很好地用有声语言表现诗歌作品，是很难的事情。它需要大量的阅读，深刻的体验和感悟，需要太多的艺术技能和多种创作理念来支撑，绝不是张嘴就能轻易做到的事情。

这本书既是我与洛夫先生的合作，又是为洛夫先生、授业恩师们、所有诗歌朗诵的爱好者以及所有支持我的朋友们交上的一张试卷，能得多少分有待大家来评判。

最后，我要感谢洛夫先生对我的提携、给予的肯定和寄予的厚望，感谢任亚辉阿姨为我和洛夫先生架起的沟通桥梁，感谢恩师们这么多年来对我的教导与爱护，还要感谢中国诗歌学会会长黄怒波先生和著名诗评家谭五昌先生、北塔先生、孙晓娅女士、冰峰先生在百忙之中为本书做的书评，更要感谢好友出版人崔正山先生和他的北京爱智达人教育科技有限公司以及好友谢元凯先生、张家红先生和他们的光魔影业（北京）有限公司对本书的出版给予的大力支持，太多的感谢难以一一表达，就用我的成绩来回报大家吧。

2017 年 9 月 15 日凌晨 胡乐民 于上海